Nadja Knab-Leers

Tolle Kissen selbst genäht

Kissen sind zum Kuscheln da, doch sie können noch viel mehr! Als Bodenkissen sind sie für spontane Besucher nicht nur praktisch sondern auch bequem. Bei der Gartenarbeit können Sie die Knie entlasten und im Kinderzimmer sorgen sie nicht nur bei den Kleinsten für viele Stunden Spielvergnügen.

Diese Vielfalt präsentiert sich Ihnen nun auf 112 prall gefüllten Seiten!

Jeder Raum erhält durch passende Kissen ein ganz anders Flair, das Ihnen sicherlich viel Freude beschert. Knöpfe, Schleifen und Applikationen machen die Kissen zu echten Unikaten. Formen und Farbkombinationen habe ich keine Grenzen gesetzt.

Ich wünsche Ihnen viel Spaß und Freude beim Nähen Ihres ganz persönlichen Lieblingskissens.

Ihre

Kissen im Industrielook

Einfach stylisch – der coole und puristische Industrielook. Nun können Sie diesen Stil auch auf Ihre Kissen anwenden! Hier sind Kontraste angesagt. Weiß und schwarz, weich und hart – diese Kombinationen machen dieses Thema so interessant. Scheuen Sie sich nicht, Materialien zu verwenden, die sonst zum Transportieren von Kaffeebohnen verwendet werden. So ergeben sich spannende Muster und moderne Formen, die in Ihrer Wohnung garantiert zu wahren Hinguckern werden. Denn ein Kissen ist mehr als nur ein Accessoire. Es ist Botschaftenübermittler, Sitzgelegenheit und Designobjekt zugleich. Lassen Sie sich inspirieren und entdecken Sie Ihren ganz eigenen Industrieglanz für Zuhause.

Adrian mit Knopfleiste

SCHWIERIGKEITSGRAD 1

GRÖSSE
50 cm x 50 cm

MATERIAL
Oberstoff 1: Baumwollstoff in Beige-Schwarz, 138 cm x 130 cm

Oberstoff 2: Sackleinen mit Aufdruck (Kaffeesack), 16 cm x 52 cm

Textilband in Grau, 10 mm breit, 65 cm lang

Textilband in Schwarz, 10 mm breit, 70 cm lang

Textilband in Natur/Rot, 10 mm breit, 70 cm lang

Haspelband in Rot, 3 mm breit, 70 cm lang

4 Knöpfe in Schwarz, ø 30 mm

Stopfgarn in Rot, Rest

Vliesstreifen, doppelseitig aufbügelbar, 30 mm breit, Rest

Kissenfüllung, 50 cm x 50 cm

STOFFZUSCHNITT

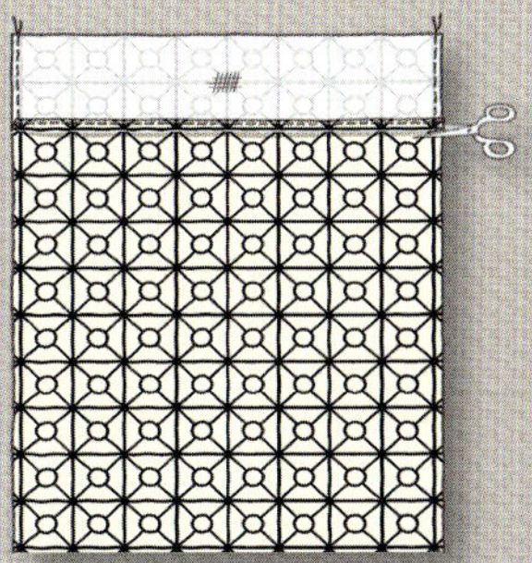

Hinweis Beim Zuschnitt den Musterrapport beachten! Das Muster des angeschnittenen Umschlags soll im Vorderteil weiterlaufen.

NAHTZUGABEN

1 cm Nahtzugabe ist in den Maßen für den Zuschnitt bereits enthalten.

Oberstoff 1	1x vorderes Kissenteil, 53 cm x 52 cm
	1x hinteres Kissenteil, 72 cm x 52 cm
Oberstoff 2	1x Streifen, 16 cm x 52 cm

ANLEITUNG

1 ... Vorderes und hinteres Kissenteil jeweils an der oberen, kurzen Kante 2x 1 cm breit nach links einbügeln und knappkantig absteppen, die restlichen Schnittkanten versäubern. Für den Umschlag die obere Kante des hinteren Kissenteils 10 cm breit rechts auf rechts falten und bügeln, die seitlichen Kanten 1 cm breit aufeinandersteppen. Die Nahtzugabe an den Ecken bis kurz vor die Naht einschneiden.

Den Umschlag wenden und die Kanten bügeln.

2 ... In den Umschlag 4 Knopflöcher einarbeiten, dabei die Platzierung dem Musterrapport anpassen.

3 ... Den Streifen aus Oberstoff 2 auf dem vorderen Kissenteil platzieren: Mit ca. 8 cm Abstand zur unteren Schnittkante auflegen, dabei auf den Rapport achten, und mit 3-4 Vliesstreifen auf Vorderteil fixieren.
Textilbänder und Haspel über die Längskanten des Streifens legen und knappkantig aufsteppen.

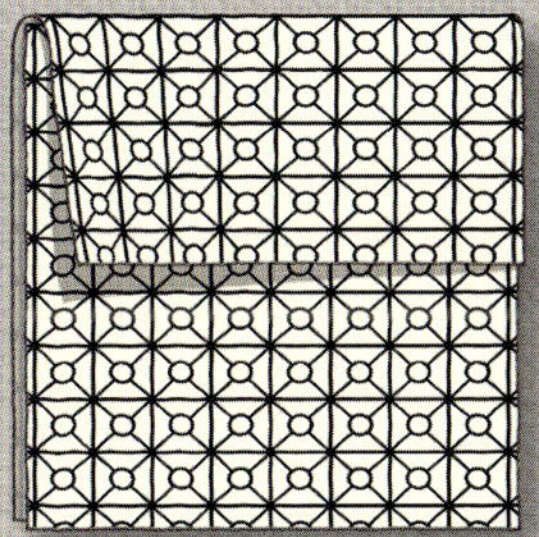

4 ... Das vordere Kissenteil und das hintere Kissenteil zwischen der unteren Kante und der Umbruchkante des Umschlags rechts auf rechts zusammenstecken und steppen. Die obere Kante bleibt offen.

5 ... Die Kissenhülle wenden und die Kanten bügeln. Den Umschlag über das Vorderteil legen und anhand der Knopflöcher die Markierungspunkte für die Knöpfe festlegen. Die Knöpfe von Hand annähen. Dabei für den Knopf an der rechten Kante das Stopfgarn in Rot verwenden, die Fadenenden auf der Vorderseite hängen lassen und verknoten (siehe Detailfoto).

6 ... Die Reste der Textilbänder und der Haspel mittig falten und mit wenigen Stichen 1 cm unterhalb des letzten Knopflochs fixieren.

7 ... Die Kissenfüllung einlegen.

Johannes mit Orden

SCHWIERIGKEITSGRAD 2

GRÖSSE
40 cm x 60 cm

MATERIAL

Oberstoff 1: Baumwollstoff in Schwarz-Beige, 138 cm x 45 cm

Oberstoff 2: Ziegen- oder Kunstfell, 40 cm x 42 cm

Ripsband in Schwarz, 40 mm breit, 90 cm lang

Orden aus Metall, ø 30 mm

Kissenfüllung, 40 cm x 60 cm

NAHTZUGABEN

1 cm Nahtzugabe ist in den Maßen für den Zuschnitt bereits enthalten.

Oberstoff 1	1x vorderes Kissenteil A, 25 cm x 42 cm
	1x hinteres Kissenteil B, 47 cm x 42 cm
	1x hinteres Kissenteil C, 35 cm x 42 cm
Oberstoff 2	1x vorderes Kissenteil D, 40 cm x 42 cm

ANLEITUNG

1 … Das vordere Kissenteil A an allen Kanten, die hinteren Kissenteile B und C bis auf je eine kurze Kante versäubern.
Das Vorderteil aus Oberstoff 2 links auf rechts auf das vordere Kissenteil A legen, dabei die Schnittteile 3 cm breit überlappen lassen und feststeppen. Das Ripsband 42 cm lang zuschneiden, über die Schnittkante legen und beidseitig knappkantig aufsteppen.

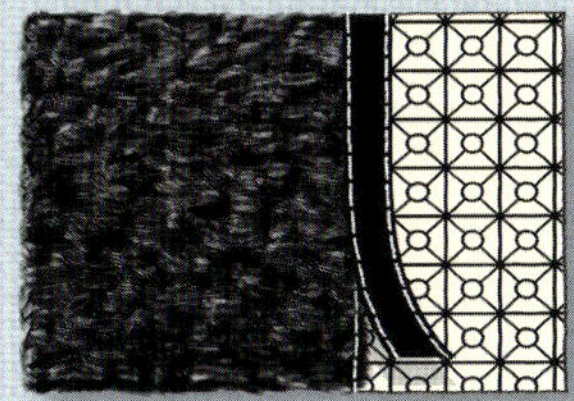

2 … Die unversäuberten kurzen Kanten der hinteren Kissenteile B und C 2x 1 cm breit nach links einbügeln und knappkantig absteppen. Die gesäumte Kante des hinteren Kissenteils B links auf rechts über die gesäumte Kante des hinteren Kissenteils C stecken, dabei die Teile 8 cm breit überlappen lassen, knappkantig festriegeln.

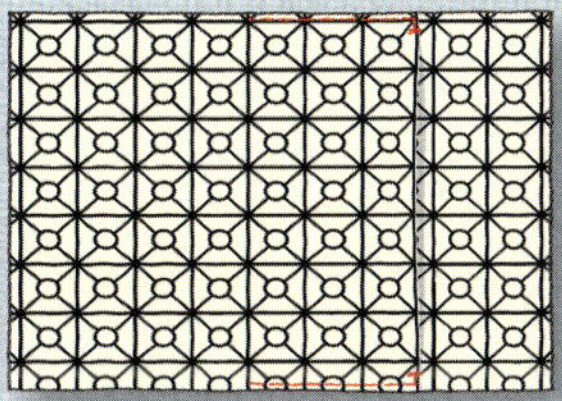

3 … Vorderes und hinteres Kissenteil rechts auf rechts aufeinanderlegen und an allen Kanten zusammensteppen. Die Kissenhülle wenden.

4 … Aus dem restlichen Ripsband eine Schleife herstellen. Dazu das Band quer zur Hälfte falten und an den kurzen Kanten zusammensteppen. Die Nahtzugaben auseinanderbügeln, das Band wenden und zur Schlaufe legen, dabei treffen die Bruchkante und die Nahtkante aufeinander. Die Bruchkante markieren und Band mit 9 cm Abstand von der Bruchkante senkrecht aufeinandersteppen.

Das Band auseinander falten, sodass die Bruchkante und beide Nahtkanten bündig übereinander liegen. Schleife mittig entlang der Bruchkante feststeppen und mit dem Orden dekorieren.

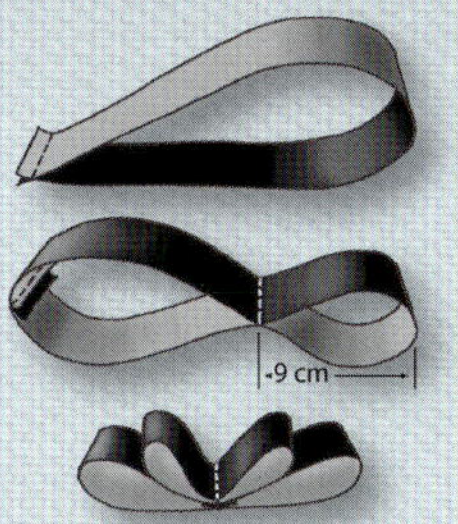

5 … Die Kissenfüllung einlegen.

Aaron mit Kaffee-Applikation

SCHWIERIGKEITSGRAD 2

GRÖSSE
70 cm x 70 cm

MATERIAL
Oberstoff 1: Baumwollstoff in Schwarz-Grau, 142 cm x 72 cm

Oberstoff 2: Sackleinen mit Aufdruck (Kaffeesack) , 85 cm x 53 cm

Ripsband in Schwarz, 15 mm breit, 115 cm lang

6 Metallknöpfe in Schwarz-Beige, ø 15 mm

unsichtbarer Reißverschluss, 60 cm lang

Vliesstreifen, doppelseitig aufbügelbar, 30 mm breit, Rest

Kissenfüllung, 75 cm x 75 cm

Hinweis

Vom bedruckten Sackleinen muss eventuell mehr Material eingekauft werden, wenn eine bestimmte Platzierung der Motive gewünscht ist. Am besten einen Papierschnitt anfertigen und zum Einkauf mitnehmen, damit die Menge richtig bestimmt werden kann.

NAHTZUGABEN

1 cm Nahtzugabe ist in den Maßen für den Zuschnitt bereits enthalten.

Oberstoff 1	1x Kissenteil, 72 cm x 142 cm
Oberstoff 2	1x Applikation, 57 cm x 53 cm
	1x Etikett, 8 cm x 19 cm

ANLEITUNG

1 ... Die Kanten der Applikation mit Zickzackstichen versäubern, dabei für den Vintage-Look über die Schnittkante hinaus nähen und die Fäden ca. 6 cm lang hängen lassen.

2 ... Das Kissenteil links auf links zur Hälfte falten und bügeln, wieder auffalten. Die Applikation bündig zur rechten unteren Ecke auf dem Kissenteil platzieren und mit 3-4 Vliesstreifen fixieren. Das Etikett mit 8 cm Abstand zur linken oberen Kante der Applikation feststecken.

Das Ripsband entlang der linken und oberen Kante auf der Applikation feststecken, die Gewebefäden der Applikation bleiben knapp sichtbar. Die Ecke zur Falte legen und beidseitig knappkantig absteppen, dabei das Etikett mitfassen. Alle Schnittkanten des Kissenteils versäubern.

3 ... Das Kissenteil rechts auf rechts an der Bruchkante falten, an der unteren Kante den Reißverschluss mittig dazwischen feststecken und einnähen.

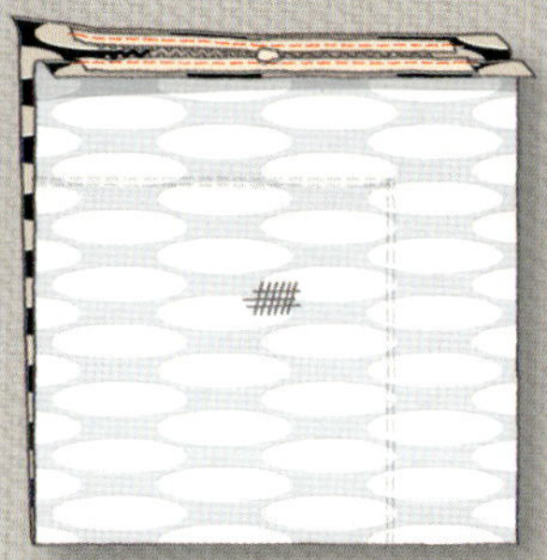

Alle offenen Kanten steppen, dabei den Reißverschluss zum Wenden zur Hälfte geöffnet lassen. Die Nahtzugaben auseinanderbügeln.

4 ... Alle Ecken mit 5 cm Abstand zur Spitze 10 cm breit im rechten Winkel abnähen (siehe Seite 110). Die Spitzen jeweils bis auf 1 cm Abstand zur Quernaht zurückschneiden und die Kanten versäubern.

5 ... Die Kissenhülle wenden und die abgenähten Ecken bügeln. Die Ecken der Kissenfüllung mit demselben Maß abnähen und zurückschneiden.

6 ... 5 Knöpfe mit gleichmäßigem Abstand auf dem Ripsband festnähen. Das Etikett mit 1 Knopf an der rechten oberen Ecke fixieren.

7 ... Die Kissenfüllung einlegen.

Deleila im Patchwork-Look

SCHWIERIGKEITSGRAD 2

GRÖSSE
62 cm x 62 cm

MATERIAL

Oberstoff 1: Baumwollstoff in Beige-Grau Ornament, 114 cm x 13 cm

Oberstoff 2: Baumwollstoff in Beige bedruckt, 140 cm x 13 cm

Oberstoff 3: Baumwollstoff in Schwarz bedruckt, 114 cm x 13 cm

Oberstoff 4: Baumwollstoff in Beige-Grau gemustert, 114 cm x 13 cm

Oberstoff 5: Baumwollstoff in Schwarz-Beige Ornament, 114 cm x 65 cm

Oberstoff 6: Sackleinen, bedruckt, 80 cm x 13 cm

Oberstoff 7: Ziegen- oder Kunstfell, 40 cm x 13 cm

unsichtbarer Reißverschluss, 60 cm lang

Kissenfüllung, 70 x 70 cm oder 80 x 80 cm

Hinweis *Die Kissenfüllung kann größer als die Kissenhülle sein, um dem Kissen mehr Volumen zu geben, insbesondere, wenn es als Bodenkissen verwendet wird.*

NAHTZUGABEN

1 cm Nahtzugabe beim hinteren Kissenteil und 0,5 cm an den Patches ist in den Maßen für den Zuschnitt bereits enthalten.

Oberstoff 1	3x Patch 13 cm x 13 cm
Oberstoff 2	3x Patch, 13 cm x 13 cm
Oberstoff 3	4x Patch, 13 cm x 13 cm
Oberstoff 4	4x Patch 13 cm x 13 cm
Oberstoff 5	5x Patch, 13 cm x 13 cm
	1x hinteres Kissenteil, 62 x 62 cm
Oberstoff 6	3x Patch 13 cm x 13 cm
Oberstoff 7	3x Patch, 13 cm x 13 cm

ANLEITUNG

Hinweis *Für den Vintage-Look bleiben die versäuberten Kanten der Quadrate von rechts sichtbar.*

1... Alle Schnittkanten mit Overlock- oder Zickzackstich versäubern. Für das vordere Kissenteil immer 5 Patches (Reihenfolge siehe Skizze) in einer Reihe jeweils links auf links aufeinanderlegen und füßchenbreit steppen, bis 5 Reihen entstanden sind. Reihe für Reihe links auf links aneinanderlegen und füßchenbreit steppen, dabei darauf achten, dass die Nähte der Patches bündig aufeinanderliegen. Die Nähte ausbügeln.

2... Das vordere Kissenteil rechts auf rechts auf das hintere Kissenteil legen, an der unteren Kante den Reißverschluss dazwischen stecken und einnähen. Anschließend alle offenen Kanten steppen, dabei den Reißverschluss zur Hälfte geöffnet lassen.

3... Die Kissenhülle wenden und die Kanten bügeln, die Füllung einlegen.

GENERAL STORE
01/4

05
06
ATELIER
NUMBER
1003563
CO
COM

Cleo bedruckt

SCHWIERIGKEITSGRAD 1

GRÖSSE
50 cm x 50 cm

MATERIAL

Oberstoff 1: Baumwollstoff in Beige-Grau Ornament, 114 cm x 53 cm

Oberstoff 2: Baumwollstoff in Beige mit Blasenmuster, 29 cm x 29 cm

Oberstoff 3: Ziegen- oder Kunstfell, 53 cm x 15 cm und Rest

Oberstoff 4: Baumwollstoff in Beige-Grau gemustert, Rest

Textilband in Schwarz-Weiß gestreift,10 mm breit, 55 cm lang

Klettverschluss in Weiß, 30 cm lang

Knopf in Perlmutt, ø 10 mm

Stopfgarn in Rot, Rest

Applikationsfolie, Rest

Textilfarbe in Schwarz

Schablone „Peace"

Kissenfüllung, 50 cm x 50 cm

NAHTZUGABEN

1,5 cm Nahtzugabe ist in den Maßen für den Zuschnitt bereits enthalten.

Oberstoff 1	2x Kissenteil, 53 cm x 53 cm
Oberstoff 2	1x Applikation, 29 cm x 29 cm
Oberstoff 3	1x Streifen, 53 cm x 15 cm
Oberstoff 4	1x Kreis, ø 6 cm

Hinweis Für den Vintage Look bleiben alle versäuberten Kanten von rechts sichtbar.

ANLEITUNG

1 ... Alle Schnittkanten der Kissenteile mit Overlock- oder Zickzackstich versäubern. Das Schnittteil Applikation mit „Peace“ Zeichen nach Herstelleranleitung bedrucken, trocknen lassen und durch Bügeln fixieren. 2 kleine Reste von Oberstoff 3 mit Applikationsfolie in die Lücken des „Peace“ Zeichens einsetzen und knappkantig aufsteppen (siehe S. 110).

2 ... Die Applikation an allen Kanten mit Overlock- bzw. Zickzackstich in Schwarz versäubern, mit 2,5 cm Abstand zu beiden Schnittkanten in die linke obere Ecke des vorderen Kissenteils platzieren und aufsteppen.

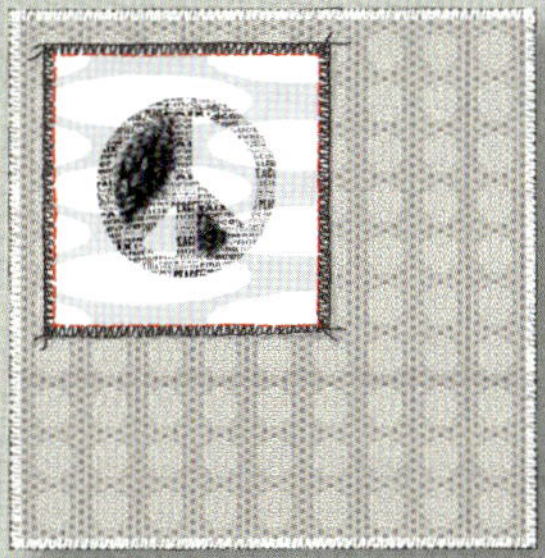

3 ... Das Textilband entlang der Längskante des Streifens aus Oberstoff 3 legen und von rechts mit dem Overlock- oder Zickzackstich in Schwarz aufsteppen. Die restlichen Schnittkanten versäubern.

4 ... Den Kreis mit Applikationsfolie auf dem Streifen platzieren, aufbügeln und knappkantig absteppen, die Kanten bleiben unversäubert. Mit dem Stopfgarnrest den Knopf mit einem Stich mittig fixieren und die Enden verknoten.

5 ... Den Streifen auf dem vorderen Kissenteil mit 2 cm Abstand zur unteren Kante platzieren und entlang der Versäuberungsnaht von rechts feststeppen.

6 ... Entlang der unteren Kante des vorderen und hinteren Kissenteils von rechts die Bänder des Klettverschlusses mittig knappkantig aufsteppen.

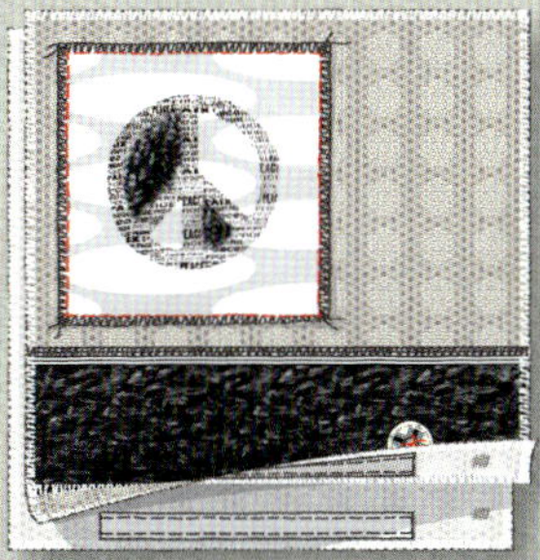

7 ... Vorderes und hinteres Kissenteil links auf links aufeinanderlegen und zusammensteppen, dabei den Klettverschluss aussparen.

8 ... Die Kissenhülle wenden und die Kanten bügeln, die Füllung einlegen.

Leo beflügelt

SCHWIERIGKEITSGRAD 1

GRÖSSE
60 cm x 25 cm

MATERIAL

Oberstoff 1: Baumwollstoff in Beige-Grau gemustert, 114 cm x 54 cm

Oberstoff 2: Baumwollstoff in Beige-Grau Ornament, 50 cm x 20 cm

Baumwollnessel, 104 cm x 27 cm

Textilband in Grau, 10 mm breit, 65 cm lang

Knopfanhänger, ø 18 mm in Grau

Paspel in Schwarz, 60 cm

Stopfgarn in Rot, Rest

unsichtbarer Reißverschluss, 22 cm lang

Applikationsfolie, Rest

Textilfarbe in Grau

Schablone Vogel und Zahlen

waschbares Füllmaterial

NAHTZUGABEN

1 cm Nahtzugabe ist in den Maßen für den Zuschnitt bereits enthalten.

Oberstoff 1	2x Kissenteil, 62 cm x 27 cm
	1x Kreis, ø 6 cm
Oberstoff 2	1x Applikation, 50 cm x 20 cm
Baumwollnessel	2x Kissenfüllung, 52 cm x 27 cm

ANLEITUNG

1... Für die Kissenfüllung die Schnittteile rechts auf rechts aufeinanderstecken und zusammensteppen, dabei eine Öffnung zum Wenden lassen. Das Teil wenden, die Nähte bügeln. Die Füllung ausstopfen und die Öffnung von Hand oder mit der Nähmaschine schließen.

2... Die Applikation mit Vogel und Zahlen nach Herstelleranleitung bedrucken, trocknen lassen, durch Bügeln fixieren. Alle Kanten mit Overlock- oder Zickzackstich versäubern: Zuerst die rechte kurze Kante versäubern, dann das Textilband mit 2 cm Abstand zur oberen Längskante auflegen und bis zur versäuberten Kante 2x knappkantig aufsteppen. Es stehen noch 13 cm Band über. Das Bandende 2x 0,5 cm breit einschlagen und mit Knopfanhänger fixieren.

3... Den Kreis mit Applikationsfolie unterbügeln, ausschneiden und neben dem Vogelmotiv aufbügeln, rundherum knappkantig absteppen, die Kanten bleiben unversäubert. Das Stopfgarn in der Kreismitte mit einem Stich fixieren, verknoten und die Enden hängen lassen.

4... Die Kissenteile an allen Kanten versäubern. Die Applikation mittig auf dem vorderen Kissenteil von rechts platzieren und aufsteppen (siehe Detailfoto).

5... An beiden kurzen Kanten des vorderen Kissenteils die Paspel von rechts knapp innerhalb der Nahtzugabe feststeppen. Die Kissenteile rechts auf rechts aufeinanderlegen, den Reißverschluss mittig dazwischen stecken und einnähen, den Reißverschluss öffnen.

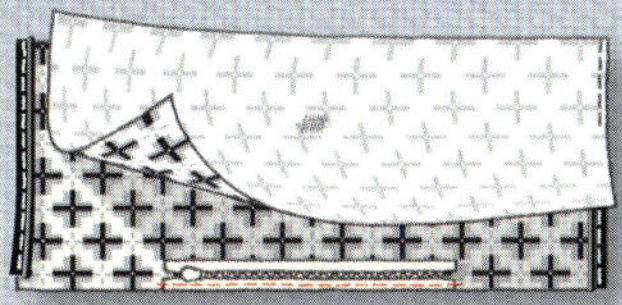

Anschließend alle offenen Kanten zusammensteppen, dabei an den kurzen Kanten entlang der Paspel nähen. Die Kissenhülle wenden und die Nähte bügeln.

6... An beiden kurzen Kanten parallel zur Paspel eine Markierungslinie einzeichnen, die in der Verlängerung entlang der Stepplinie des Bildes verläuft.

Die Markierungslinien absteppen. Die Kissenfüllung einlegen.

Clemens standfest

SCHWIERIGKEITSGRAD 2

GRÖSSE
ø 25 cm, 80 cm lang

MATERIAL
Oberstoff 1: Baumwollstoff in Schwarz-Beige Ornament, 114 cm x 35 cm

Oberstoff 2: Baumwollstoff in Beige bedruckt, 104 cm x 42 cm

Applikation: Kunstfell, 30 cm x 30 cm

Paspel in Schwarz, 52 cm lang

Streifenband in Schwarz-Weiß, 15 mm breit, 2 m lang

Applikationsfolie, 30 cm x 30 cm

unsichtbarer Reißverschluss, 60 cm lang

Kissenrolle aus Schaumstoff, ø 25 cm, 80 cm lang

Oberstoff 1	1x linkes Kissenteil, 82 cm x 35 cm
	1x Seitenteil, ø 27cm
Oberstoff 2	2x rechtes Kissenteil, 52 cm x 42 cm
	1x Seitenteil, ø 27 cm

NAHTZUGABEN

1 cm Nahtzugabe ist in den Maßen für den Zuschnitt bereits enthalten.

ANLEITUNG

1 … Alle Kanten der Schnittteile mit Zickzackstich versäubern. Die rechten Kissenteile an einer Längskante rechts auf rechts zusammenstecken, dabei die Paspel dazwischenlegen und entlang der Paspel steppen, die Naht ausbügeln.

2 … Das linke Kissenteil und die rechten Kissenteile entlang der Längskante rechts auf rechts zusammenstecken und steppen, die Nahtzugaben zum linken Kissenteil bügeln. Das Streifenband von rechts entlang der Steppnaht auf die rechten Kissenteile platzieren und beidseitig knappkantig aufsteppen.

3 … Die Applikationsfolie auf die Rückseite des Kunstfells bügeln. Die Applikation „&" nach Vorlage ausschneiden an der Schnittstelle der Oberstoffe auf den Stoff platzieren, die Kanten knappkantig absteppen.

4 … Die Längskanten des Kissenteils rechts auf rechts aufeinanderlegen und den Reißverschluss dazwischen feststecken. Dabei das Reißverschlussende bündig mit der Seitennaht enden lassen. Den Reißverschluss einnähen, dann die restliche Naht schließen.

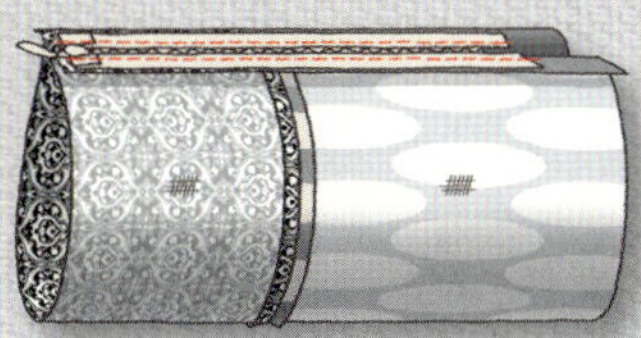

5 … An den gegenüberliegenden kurzen Kanten jeweils das zum Stoff passende Seitenteil einnähen. Dazu den Reißverschluss öffnen, den Kreis rechts auf rechts feststecken und steppen. Die Nahtzugaben einschneiden.

6 … Die Kissenhülle wenden und die Griffschlaufe an einem Ende der Rolle anbringen. Dazu 80 cm vom Streifenband zur Hälfte falten und entlang der Bruchkante im Nahtschatten des Seitenteils von Hand festnähen. Enden zusammenlegen und mittig über den Kreis legen, im Nahtschatten fixieren. Überstehende Bandenden zusammen verknoten.

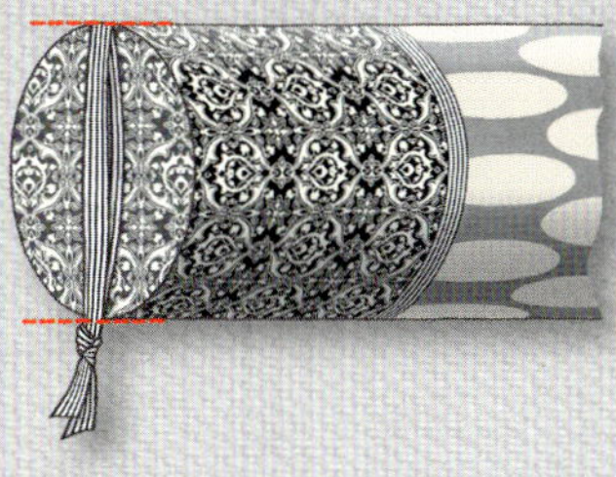

Im Garten zuhause

Draußen ist es doch am Schönsten! Wenn die Blumen blühen, die ersten Sonnenstrahlen das Gesicht kitzeln und man es sich so richtig gemütlich machen kann, dann sind diese Kissen das Tüpfelchen auf dem „i“. Mit ihnen wird es auf der Liege, der Sitzbank oder im Schaukelstuhl noch bequemer. Dazu noch ein gutes Buch und eine Tasse Kaffee oder Tee – so beginnt ein gemütlicher Tag im Garten oder auf dem Balkon. Auch praktische, abwaschbare Kissen zum Draufknien sind eine Erleichterung bei der Gartenarbeit. Hier ist für jeden Geschmack das passende Kissen dabei!

Mathilda mit Paspelband

SCHWIERIGKEITSGRAD 3

GRÖSSE
ø 40 cm

MATERIAL

Oberstoff 1: Baumwollstoff in Mint-Rosé mit Blumen, 114 cm x 45 cm

Oberstoff 2: Baumwollstoff in Beige-Rot kariert, 114 cm x 10 cm

Schrägband mit Vichykaro in Rosé, 18 mm breit, 2,70 m lang

beziehbarer Knopf, ø 40 mm

waschbares Füllmaterial

NAHTZUGABEN

1 cm Nahtzugabe ist in den Maßen für den Zuschnitt bereits enthalten.

Oberstoff 1	2x Kissenteil, ø 42 cm
Oberstoff 2	1x Seitenteil, 7 cm x 134 cm

ANLEITUNG

1 ... Schrägband der Länge nach falzen und bügeln. Das Seitenteil an den kurzen Kanten rechts auf rechts zusammenstecken und steppen. Die Nahtzugaben auseinanderbügeln und links auf links an das vordere Kissenteil stecken und steppen. Mit dem Schrägband einfassen, dabei das Schrägband an den Enden 1 cm breit nach links einschlagen und übereinandersteppen.

2 ... Das Seitenteil links auf links an das hintere Kissenteil stecken und steppen, mit dem Schrägband einfassen, dabei eine Öffnung zum Wenden von 10 cm Länge lassen.

3 ... Die Kissenhülle mit dem Füllmaterial ausstopfen, die offene Kante mit Schrägband schließen, dabei am Ende das Schrägband 1 cm breit einschlagen.

4 ... Den Knopf mit Oberstoff 2 nach Herstelleranleitung beziehen, mittig auf dem vorderen Kissenoberteil platzieren und von Hand durch alle Lagen festnähen. Dabei bei Bedarf auf das Unterteil einen passenden Wäscheknopf zur Sicherung gegennähen.

Isabell mit Hülle

SCHWIERIGKEITSGRAD 2

GRÖSSE
ø 40 cm

MATERIAL

Oberstoff 1: Baumwollstoff in Pepita, Beige-Oliv, 84 cm x 42 cm

Oberstoff 2: Baumwollstoff in Kariert, Beige-Rot, 67 cm x 67 cm

Oberstoff 3: Baumwollstoff mit Blumenmotiv, Rest

Schrägband mit Vichykaro in Hellgrün, 18 mm breit, 2,20 m lang

Zackenlitze in Rosa, 10 mm breit, 2,20 m lang

Haspelband in Rot, 3 mm breit, 2,20 m lang

Applikationsfolie, Rest

waschbares Füllmaterial

Oberstoff 1	2x Kissenteil, ø 42 cm
Oberstoff 2	1x Hüllenteil, ø 67 cm

NAHTZUGABEN

1 cm Nahtzugabe ist in den Maßen für den Zuschnitt bereits enthalten.

ANLEITUNG

1 ... Die Applikationsfolie auf die Rückseite von Oberstoff 3 bügeln. Das Druckmotiv ausschneiden, mittig auf dem vorderen Kissenteil platzieren und bügeln.

2 ... Vorderes und hinteres Kissenteil rechts auf rechts zusammenstecken und steppen, dabei eine Öffnung zum Wenden von 10 cm Länge lassen. Die Nahtzugaben einschneiden (siehe Seite 105).

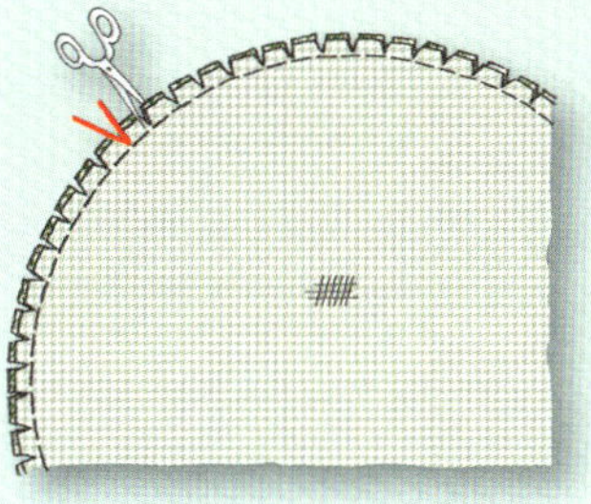

3 ... Das Kissen wenden, die Naht bügeln und das Kissen mit Füllmaterial stopfen. Die Öffnung von Hand zunähen.

4 ... Für die gedoppelte Hülle zunächst das Schrägband der Länge nach falzen und bügeln, dabei die Enden jeweils 1 cm breit nach innen einschlagen und einbügeln. Die Kante des Hüllenteils mit dem Schrägband einfassen, die Enden aneinanderstoßen lassen. Beim Einfassen mit Schrägband das Haspelband einlegen, die Enden verknoten und überstehen lassen. Bei Nähen das Paspelband nicht mitfassen!

5 ... Die Zackenlitze direkt unterhalb des Schrägbandes aufsteppen, sodass die oberen Zacken über der Steppnaht des Schrägbands liegen. Zackenlitze an den Enden 1 cm breit einschlagen.

6 ... Kissen in die Hülle einlegen, die Hülle mit dem Haspelband fest zusammenziehen und das Band zur Schleife binden. Haspelband evtl. kürzen und Enden wieder verknoten.

Martha zum Anlehnen

SCHWIERIGKEITSGRAD 2

GRÖSSE
Rückenkisen und Sitzkissen ø 40 cm

MATERIAL RÜCKENKISSEN
Oberstoff 1: Baumwollstoff in Beige-Oliv Pepita, 84 cm x 42 cm

Oberstoff 2: Baumwollstoff in Beige-Rose geblümt, 114 cm x 16 cm

Oberstoff 3: Baumwollstoff mit Blumenmotiv, Rest

Oberstoff 4: Baumwollstoff in Beige-Rot kariert, 114 cm x 10 cm

Zackenlitze in Beige, 10 mm breit, 135 cm lang

Schrägband mit Vichykaro in Rosé, 18 mm breit, 60 cm lang

Applikationsfolie, Rest

waschbares Füllmaterial

SITZKISSEN
Oberstoff 1: Baumwollstoff in Beige-Rosé geblümt, 114 cm x 45 cm

Oberstoff 2: Baumwollstoff in Mint-Rosé, 114 cm x 55 cm

Pomponband in Mint, 135 cm lang

beziehbarer Knopf, ø 40 mm

waschbares Füllmaterial

RÜCKENKISSEN

NAHTZUGABEN

1 cm Nahtzugabe ist in den Maßen für den Zuschnitt bereits enthalten.

Oberstoff 1	2x Kisssenteil, ø 42 cm
Oberstoff 2	2x Seitenstreifen, 8 cm x 68 cm
Oberstoff 4	1x Bindeband, 10 cm x 114 cm

ANLEITUNG

1 ... Für die Kranzform bei den beiden Kissenteilen einen Innenkreis ø 16 cm ausschneiden. Die Applikationsfolie auf die Rückseite von Oberstoff 3 bügeln, 4 Druckmotive ausschneiden, auf dem vorderen Kissenteil platzieren und aufbügeln. Die Zackenlitze genau auf die äußere Nahtlinie des vorderen Kissenteils von rechts stecken und steppen.

2 ... Die Seitenteile an allen kurzen Kanten rechts auf rechts zum Ring zusammensteppen. Die Nahtzugaben auseinanderbügeln, eine Kante rechts auf rechts auf die äußere Nahtlinie des vorderen Kissenteils entlang der Zackenlitze passgenau feststecken und steppen.

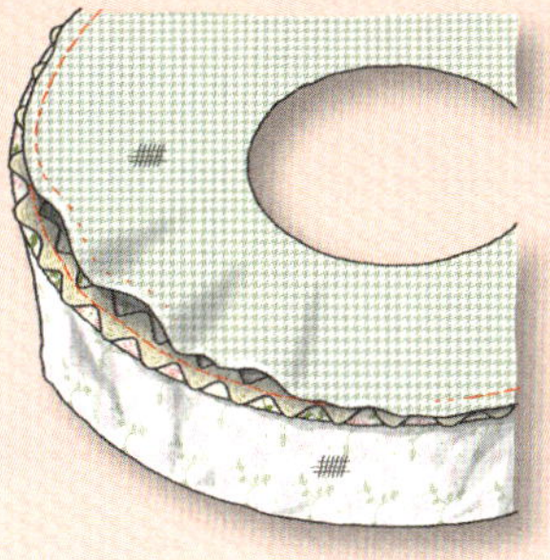

3 ... Die andere Kante des Seitenstreifens rechts auf rechts auf die äußere Nahtlinie des hinteren Kissenteils stecken und steppen. Die Nahtzugaben einschneiden (siehe Seite 105). Das Teil wenden und die Nähte ausbügeln.

4 ... Das Bindeband entlang der Längskanten rechts auf rechts zur Hälfte falzen und bügeln, die Enden jeweils im 45°-Winkel schräg abschneiden und steppen. Dabei ein Ende zum Verstürzen offen lassen.

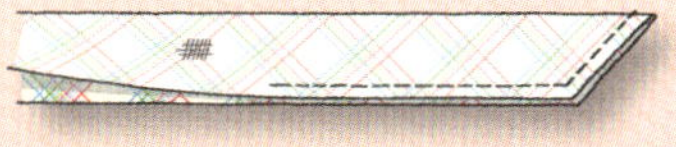

Die Zugaben zurückschneiden, das Bindeband wenden und die Nähte ausbügeln. Die offene Kante von Hand schließen.

5 ... Das Bindeband der Länge nach falten und die Mitte markieren, an der Außenkante vom vorderen Kissenteil platzieren und im Nahtschatten hinter der Zackenlitze entlang der Markierungslinie festriegeln.

6 ... Das vordere und hintere Kissenteil links auf links aufeinanderlegen und die innere Naht steppen, dabei eine 10 cm lange Öffnung zum Befüllen offen lassen. Den Kissenkranz mit Füllwatte ausstopfen. Schrägband längs falzen und bügeln, dabei die Bandenden 1cm breit nach links einbügeln. Die innere Naht mit Schrägband einfassen, dabei die Öffnung mit schließen.

SITZKISSEN

NAHTZUGABEN

1 cm Nahtzugabe ist in den Maßen für den Zuschnitt bereits enthalten.

Oberstoff 1	1x vorderes Kissenteil, ø 42 cm
Oberstoff 2	1x hinteres Kissenteil, ø 52 cm

ANLEITUNG

1 … Das Pomponband von rechts entlang der Kante des vorderen Kissenteils auf der Nahtlinie feststeppen, die Pompons zeigen nach innen.

2 … Die Kante des hinteren Kissenteils auf ca. 132 cm einkräuseln, das entspricht dem Umfang des vorderen Kissenteils. Die Kissenteile rechts auf rechts aufeinaderlegen, stecken und steppen, dabei die Pompons nicht mitfassen und eine Öffnung von 10 cm Länge zum Wenden lassen.

3 … Die Nahtzugaben einschneiden (siehe Seite 105), den Kissenbezug wenden und die Nähte bügeln. Das Kissen mit Füllwatte ausstopfen und Öffnung von Hand schließen.

4 … Den Knopf mit einem Rest von Oberstoff 2 beziehen. Den Kopf mittig auf das vordere Kissenteil platzieren und von Hand durch alle Lagen festnähen. Dabei bei Bedarf auf das Unterteil einen passenden Wäscheknopf zur Sicherung gegennähen.

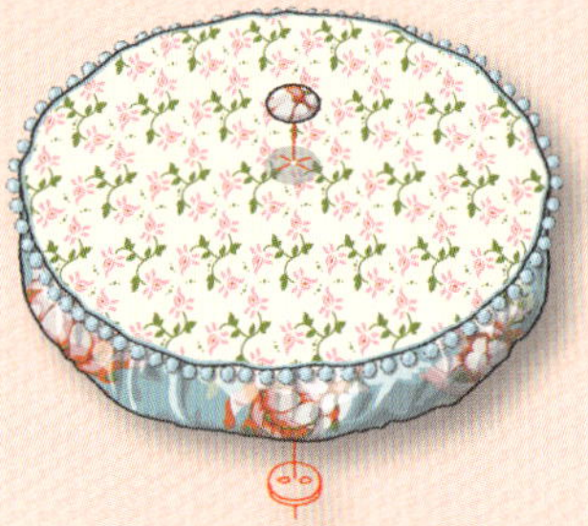

Pauline mit Blumenapplikation

SCHWIERIGKEITSGRAD 1

GRÖSSE
50 cm x 50 cm

MATERIAL

Oberstoff 1: Baumwollstoff in Pink-Orange gestreift, 114 cm x 52 cm

Oberstoff 2: Baumwollstoff in Pink-Orange getupft, 61 cm x 52 cm

Oberstoff 3: Baumwollstoff in Pink-Orange floral, Reste

Häkelspitze in Rosa, 15 mm breit, 55 cm lang

Schmetterlingsknopf in Pink

Kissenfüllung, 50 cm x 50 cm

Rose-Maker-Blütenschablone, verschiedene Größen

NAHTZUGABEN

1 cm Nahtzugabe ist in den Maßen für den Zuschnitt bereits enthalten.

Oberstoff 1	1x hinteres Kissenteil, 103 cm x 52 cm
Oberstoff 2	1x vorderes Kissenteil, 61 cm x 52 cm

ANLEITUNG

1 ... Für den Umschlag die obere kurze Kante des hinteren Kissenteils zunächst 2 cm breit, dann 25 cm breit nach links umbügeln und knappkantig feststeppen. Entlang der Umbruchkante von links Häkelspitze knappkantig aufsteppen, sodass die Zacken von rechts sichtbar sind. Anschließend den Umschlag entlang der Stepplinie 25 cm breit nach rechts umbügeln.

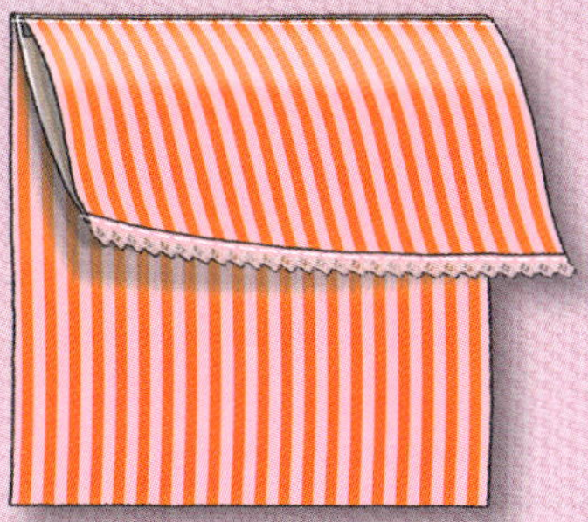

2 ... Das vordere Kissenteil an der oberen kurzen Kante 2x 5 cm breit nach links umbügeln und knappkantig absteppen.

3 ... Die offenen Kanten der Kissenteile versäubern. Vorderes und hinteres Kissenteil rechts auf rechts passgenau aufeinander stecken, sodass die gesäumte Kante vom vorderen Kissenteil und die Umbruchkante des Umschlags aufeinanderliegen, stecken und steppen. Dabei die obere Kante offen lassen.

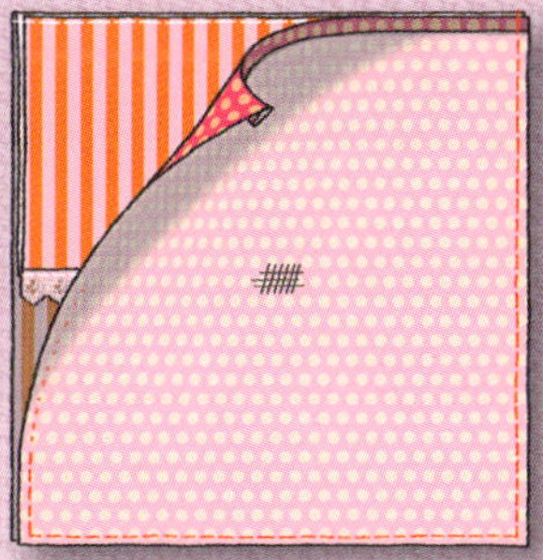

Den Kissenbezug wenden und die Nähte ausbügeln.

4 ... 5 Stoffblüten in verschiedenen Größen mithilfe der Blütenschablone gemäß Herstellerangabe anfertigen und aufnähen. Zum Schluss den Bezug mit Schmetterlingsknopf zwischen den Rosen platzieren und festnähen. Die Füllung einlegen.

Charlotta mit plastischen Rosetten

SCHWIERIGKEITSGRAD 1

GRÖSSE
64 cm x 50 cm

MATERIAL

Oberstoff 1: Baumwollstoff in Pink-Rot floral, 114 cm x 110 cm

Oberstoff 2: Baumwollstoff in Pink-Bunt Kreise, 114 cm x 30 cm

Oberstoff 3: Baumwollstoff in Pink-Orange getupft, 114 cm x 30 cm

Pomponband in Rot, 110 cm lang

Zackenlitze in Hellgrün, 10 mm breit, 110 cm lang

Satinband in Orange, 3 mm breit, 110 cm lang

2 Schmetterlingsknöpfe in Pink

Schmetterlingsknopf in Petrol

waschbares Füllmaterial

Kissenfüllung, 50 cm x 50 cm

Oberstoff 1	1x vorderes Kissenteil, 52 cm x 66 cm
	2x hinteres Kissenteil, 52 cm x 45 cm

NAHTZUGABEN
1 cm Nahtzugabe ist in den Maßen für den Zuschnitt bereits enthalten.

ANLEITUNG

1… Die hinteren Kissenteile jeweils an einer kurzen Kante 2x 1 cm breit nach links falten, bügeln und knappkantig absteppen. Die Teile links auf rechts übereinander stecken, sodass sich die gesäumten Kanten 20 cm breit überlappen.

2… Die zusammengesteckten hinteren Kissenteile rechts auf rechts passgenau auf das vordere Kissenteil stecken, die äußeren Kanten steppen und versäubern. Den Kissenbezug wenden und die Nähte bügeln.

3… An beiden kurzen Kanten der Kissenhülle knapp neben der Naht jeweils das Pomponband und darüber die Zackenlitze auf das vordere Kissenteil aufsteppen, dabei die Enden einschlagen und mitfassen. Die Pompons zeigen nach außen.

4… Parallel zu beiden kurzen Kanten in 7 cm Abstand eine Markierungslinie auf dem Oberteil einzeichnen. Das Satinband halbieren und entlang der Linien aufsteppen. Dabei durch alle Stofflagen nähen und die Bandenden einschlagen.

5… Für die Stoffrosetten 3 Kreise aus dem Musterrapport von Oberstoff 2 ausschneiden, dazu jeweils einen Kreis mit gleichem Durchmesser aus Oberstoff 3. Die Kreise rechts auf rechts stecken, und füßchenbreit steppen, dabei eine 5 cm breite Öffnung zum Wenden und Ausstopfen lassen. Die Nahtzugaben einschneiden (siehe Seite 105), die Rosetten wenden und die Nähte bügeln. Die Rosetten mit wenig Füllwatte flach ausstopfen und die Öffnung von Hand schließen. Entlang des Musterrapports die Rosetten sternförmig absteppen und mit je einem Schmetterling nach Wunsch auf dem Kissen platzieren und aufnähen. Die Kissenfüllung einlegen.

Tipp Falls Sie einen anderen Stoff für die Rosetten verwenden wollen, schneiden Sie die Kreise mit ø 15 cm, 11 cm und 8 cm zu.

Sina mit Bindebändern

SCHWIERIGKEITSGRAD 2

GRÖSSE
48 cm lang, ø 14 cm

MATERIAL

Oberstoff 1: Baumwollstoff in Pink-Bunt, 50 cm x 48 cm

Oberstoff 2: Baumwollstoff in Rot mit kleinen Kreisen, 114 cm x 48 cm

Pomponband in Flieder, 1 m lang

Häkelspitze in Rot, 20 mm, 1 m lang

Kissenfüllung, 48 cm lang, ø 14 cm

NAHTZUGABEN

1 cm Nahtzugabe ist in den Maßen für den Zuschnitt bereits enthalten.

Oberstoff 1	1x Kissenteil, 50 cm x 48 cm
Oberstoff 2	2x Seitenteil, 32 cm x 48 cm
	2x Bindeband, 50 cm x 5 cm

ANLEITUNG

1... Die Kanten des Kissenteils versäubern. Das Pomponband halbieren und jeweils entlang der kurzen Kante innerhalb der Nahtzugabe knapp neben der Nahtlinie aufsteppen, die Pompons zeigen nach innen. Die Längskanten rechts auf rechts stecken und steppen, die Nahtzugaben auseinanderbügeln.

2... Die kurzen Kanten der Seitenteile rechts auf rechts stecken und steppen, die Nahtzugaben auseinanderbügeln. Die Seitenteile jeweils links auf links falten, die offenen Kanten treffen aufeinander. Die Kanten jeweils gemeinsam versäubern.

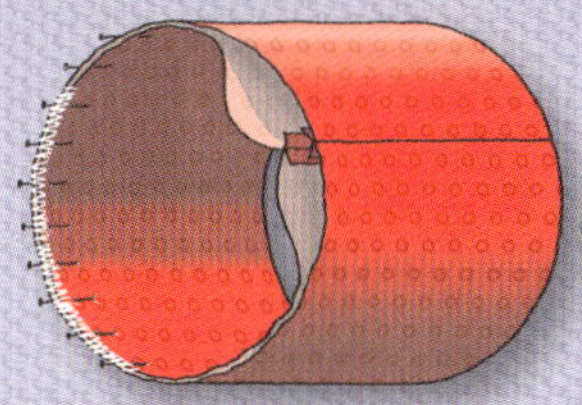

3... Die Häkelspitze entlang der Umbruchkanten von links aufsteppen, sodass die Zacken überstehen und von rechts sichtbar sind.

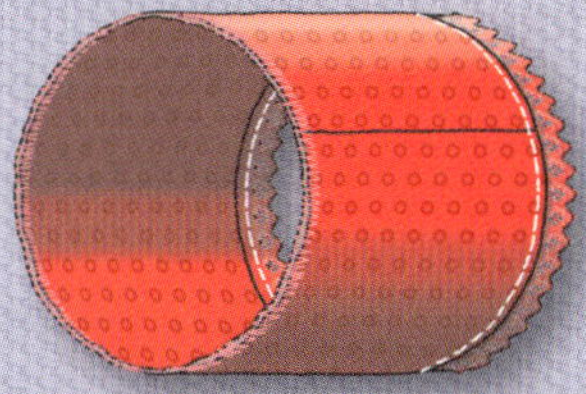

4... Für die Bindebänder je ein Streifen der Länge nach links auf links falzen und bügeln, aufklappen und die Schnittkanten beidseitig zur Mitte bügeln. Dabei die kurzen Kanten 1 cm breit nach innen umbügeln. Die Bruchkanten der Länge nach aufeinander bügeln und knappkantig absteppen. Die Bindebänder auf die Hälfte legen und die Bruchkante markieren, an der Markierung mittig im Nahtschatten des Seitenteils festriegeln.

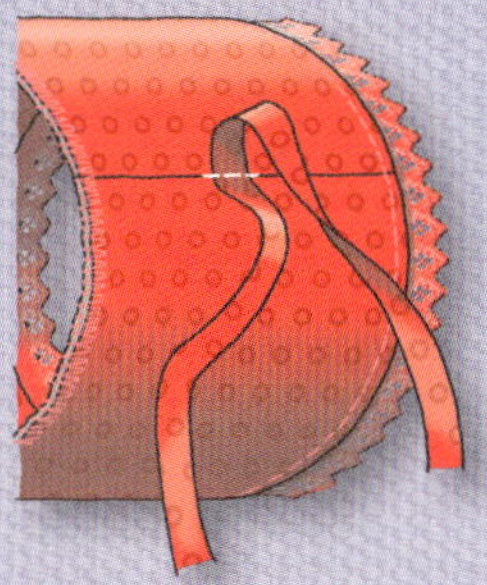

5... Die Seitenteile jeweils mit der versäuberten Kante rechts auf rechts auf die Seitenkanten des Kissenteils stecken und steppen, dabei die Pompons nicht mitfassen, die Nähte bügeln.

6... Kissenfüllung einlegen und beidseitig mit Bindeband verschließen.

Felicitas mit Tragegriff

SCHWIERIGKEITSGRAD 2

GRÖSSE
ø 40 cm

MATERIAL

Oberstoff 1: Baumwollstoff beschichtet in Weiß-Bunt, 114 cm x 42 cm

Oberstoff 2: Baumwollstoff in Rosa getupft, 114 cm x 24 cm

Häkelspitze in Rosa, 10 mm breit, 45 cm lang

Ripsband in Rot, 25 mm breit, 1,59 m lang

Steckverschluss in Rot, 40 mm

Schmetterlingsknopf in Pink

Schaumstoffzuschnitt, 4 cm dick, ø 40 cm

NAHTZUGABEN

1 cm Nahtzugabe ist in den Maßen für den Zuschnitt bereits enthalten. An den Schnittteilen Tasche und Taschenfutter an der geraden Kante zusätzlich noch 1 cm zugeben.

Oberstoff 1	2x Kissenteil Kreis, ø 42 cm
	1x Tasche Halbkreis, ø 42 cm
Oberstoff 2	2x Seitenteil, 6 cm x 67 cm
	1x Taschenfutter Halbkreis, ø 42 cm

ANLEITUNG

1 … Für die Tasche das Taschen- und das Futterteil rechts auf rechts bündig aufeinanderlegen und an der geraden Kante steppen. Die Teile auffalten und die Naht von der Futterseite her ausbügeln. Die Häkelspitze von rechts entlang der geraden Kante aufsteppen, sodass die Zacken nach unten zeigen.

2 … Tasche links auf rechts passgenau entlang der Rundung auf eines der Kissenteile stecken und knappkantig festriegeln. In der Mitte des Taschenteils eine Markierungslinie im rechten Winkel zur geraden Oberkante einzeichnen und die Tasche aufsteppen.

3 … Für den Tragegurt je ein Teil des Steckverschlusses an die Enden des Ripsbandes auffädeln, 1x 1 cm breit und 1x 2,5 cm breit nach links einschlagen und knappkantig feststeppen.

4 … Die Seitenteile an einer kurzen Kante zusammensteppen, die Naht versäubern und bügeln. Das Ripsband an einem Verschlussteil beginnend 76 cm lang mittig auf dem Seitenteil beidseitig knappkantig aufsteppen, am Ende quer verriegeln.

Das Ripsband ist nun genau zur Hälfte aufgesteppt.

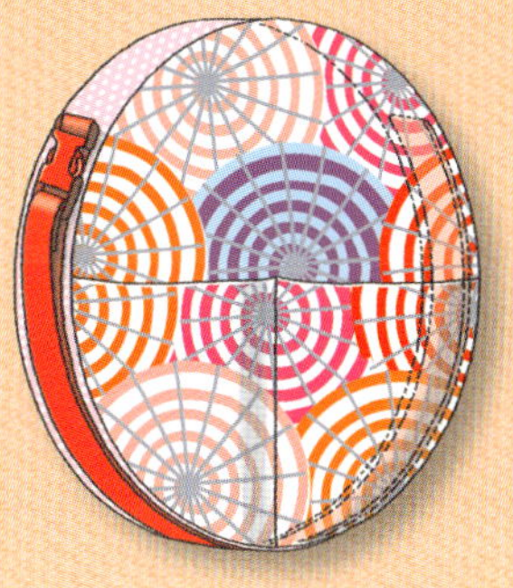

5 … Die kurzen Kanten des Seitenstreifens rechts auf rechts stecken und zum Ring schließen, steppen und die Nahtzugaben auseinanderbügeln. Den Seitenstreifen zunächst rechts auf rechts am vorderen, dann am hinteren Kissenteil feststeppen, dabei eine Öffnung zum Wenden lassen. Die Nahtzugaben einschneiden (siehe Seite 105), den Kissenbezug wenden.

6 … Den Bezug über den Schaumstoffzuschnitt stülpen und die Öffnung von Hand zunähen.

7 … Den Schmetterlingsknopf seitlich an die Taschenkante annähen.

Emilia mit Ornamenten

SCHWIERIGKEITSGRAD 1

GRÖSSE
90 cm x 40 cm

MATERIAL

Oberstoff 1: Baumwollstoff in Gelb-Grün, 114 cm x 90 cm

Schrägband mit Vichykaro in Rot, 18 mm breit, 1,50 m lang

Textilband in Grün/Weiß gestreift, 15 mm breit, 90 cm lang

Kissenfüllung, 80 cm x 40 cm

NAHTZUGABEN

1 cm Nahtzugabe ist in den Maßen für den Zuschnitt bereits enthalten.

Oberstoff 1	1x vorderes Kissenteil, 90 cm x 42 cm
	2x hinteres Kissenteil, 58 cm x 42 cm (Unterteile)

ANLEITUNG

1 … Auf dem vorderen Kissenteil parallel zu den kurzen Kanten in 5 cm Abstand eine Markierungslinie einzeichnen. Das Textilband halbieren und entlang der Markierungslinien beidseitig knappkantig von rechts aufsteppen.

2 … Für den Hotelverschluss je eine kurze Kante der hinteren Kissenteile 2x 1,5 cm breit nach links falten, bügeln und knappkantig feststeppen.

3 … Die hinteren Kissenteile links auf rechts stecken, sodass sich die gesäumten Kanten 20 cm breit überlappen. Das zusammengesteckte hintere Kissenteil rechts auf rechts passgenau auf das vordere Kissenteil stecken, beide Längskanten steppen und versäubern.

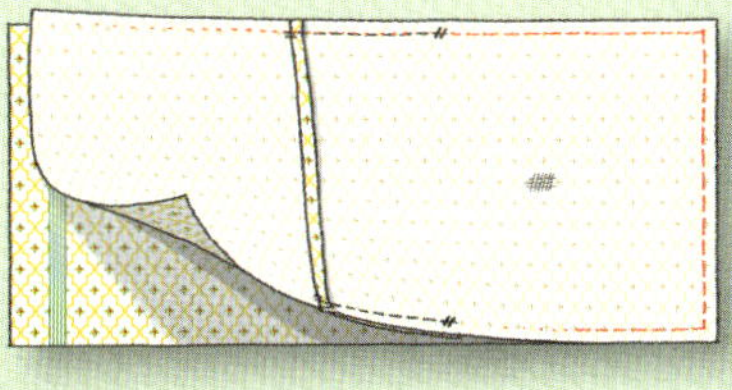

Den Kissenbezug wenden und die Nähte bügeln. Vorderes und hinteres Kissenteil entlang der Stepplinie des Textilbandes zusammensteppen.

4 … Das Schrägband halbieren und die offenen kurzen Kanten so damit einfassen, dass das Schrägband an beiden Enden gleichlang übersteht.

5 … Die Schrägbandenden verknoten. Die Kissenfüllung einlegen.

Leonie zum Anlehnen

SCHWIERIGKEITSGRAD 1

GRÖSSE
56 cm x 56 cm

MATERIAL

Oberstoff 1: Baumwollstoff in KariertGrün-Rot, 114 cm x 1,20 m

Oberstoff 2: Baumwollstoff mit Blumenmotiv, Rest

Schrägband mit Vichykaro in Rot, 18 mm breit, 2,50 m lang

Applikationsfolie, Rest

Kissenfüllung, 40 cm x 40 cm

NAHTZUGABEN

1 cm Nahtzugabe ist in den Maßen für den Zuschnitt bereits enthalten.

Oberstoff 1	1x vorderes Kissenteil, 56 cm x 56 cm
	2x hinteres Kissenteil, 40 cm x 56 cm
	2x Bindeband, 5 cm x 58 cm

ANLEITUNG

1 … Die Applikationsfolie auf die Rückseite von Oberstoff 2 bügeln, das Druckmotiv ausschneiden, auf dem vorderen Kissenteil in der linken oberen Ecke mit 12 cm Abstand zu den Kanten platzieren und bügeln, knappkantig absteppen.

2 … Für den Hotelverschluss je eine Kante der hinteren Kissenteile 2x 1,5 cm breit nach links falten, bügeln und knappkantig feststeppen.

3 … Die hinteren Kissenteile links auf rechts stecken, sodass sich die gesäumten Kanten 18 cm breit überlappen. Das zusammengesteckte hintere Kissenteil rechts auf rechts passgenau auf das vordere Kissenteil stecken und knappkantig festriegeln.

4 … Schrägband der Länge nach falzen und bügeln, die Außenkante des Kissenbezuges damit einfassen. An den Ecken das Band einfalten (siehe Seite 111).

5 … Mit 8 cm Abstand zur Außenkante rundum eine Rahmenlinie auf dem vorderen Kissenteil markieren und auf der Linie durch alle Lagen steppen.

6 … Für die Bindebänder je ein Streifen der Länge nach links auf links falzen und bügeln, aufklappen. Die Längskanten beidseitig zur Mitte bügeln, dabei die kurzen Kanten 1 cm breit nach innen bügeln. Die Bruchkanten der Länge nach aufeinanderbügeln und knappkantig absteppen.

7 … Die Bindebänder zur Hälfte falten und Bruchkanten markieren. Mit 13 cm Abstand zur rechten bzw. linken oberen Außenkante des Oberteils entlang der Steppung je ein Band auf der Markierungslinie festriegeln. Die Kissenfüllung einlegen.

Anabell mit Blumen

SCHWIERIGKEITSGRAD 1

GRÖSSE
86 cm x 86 cm

MATERIAL

Oberstoff 1: Baumwollstoff mit Blumenmotiv, 73 cm x 73 cm

Oberstoff 2: Baumwollstoff in Gestreift, Grün-Pink,114 cm x 105 cm

Pomponband in Rot, 3 m lang

Klettverschluss in Weiß, 2 cm breit, 50 cm lang

Kissenfüllung, 70 cm x 70 cm

NAHTZUGABEN

1,5 cm Nahtzugabe ist in den Maßen für den Zuschnitt bereits enthalten.

Oberstoff 1	1x vorderes Kissenteil, 73 cm x 73 cm
Oberstoff 2	1x hinteres Kissenteil, 105 cm x 105 cm

ANLEITUNG

1... Alle Kanten mit Zickzackstich versäubern. Die Nahtzugaben am vorderen Kissenteil 1,5 cm breit nach links umbügeln. Die Kanten des hinteren Kissenteils 9,5 cm breit nach links umbügeln, dabei alle Ecken als Briefecke einlegen. Die Ecken in der Bügelfalte abnähen, die Zugabe in den Ecken auf 1 cm Breite zurückschneiden und auseinanderbügeln.

2... Das Pomponband entlang der eingebügelten Kante von links rundum knappkantig auf die Nahtzugabe steppen. Durch beide Stofflagen steppen, die Pompons zeigen nach außen.

3... Den Klettverschluss mittig entlang der unteren Kante vom vorderen und hinteren Kissenteil von links aufsteppen.

4... Das vordere Kissenteil links auf links auf das hintere Kissenteil stecken, sodass rundherum 8 cm Rand von hinteren Kissenteil sichtbar bleiben, die Nahtzugabe verdeckt ist und der Klettverschluss übereinander liegt.

5... Das vordere Kissenteil entlang der Steppnaht des Pomponbands auf dem unteren Kissenteil festnähen, dabei den Klettverschluss aussparen. Die Kissenfüllung einlegen.

Diele und Wohnzimmer

Wohnen wie ein König! Mit diesen edlen Kissen für das Wohnzimmer ist dies ganz leicht in die Tat umsetzbar. Ornamente, Materialien aus Samt und Knöpfe mit feinen Verzierungen runden dieses Thema ab. Besucher werden Staunen, wenn sie diese Kissen auf Ihrer Couch präsentieren – garantiert!

Auch in der Diele dürfen Kissen nicht fehlen. Verspiele Formen und fröhliche Details zaubern eine zuckersüße Atmosphäre auf Hocker, Stühle und Bänke. Wer hier seinen Mantel ablegt, bekommt beim Anblick dieser Kissen gleich gute Laune.

Debora im Rahmen

SCHWIERIGKEITSGRAD 2

GRÖSSE
56 cm x 56 cm

MATERIAL

Oberstoff 1: Baumwollstoff bedruckt in Hellgrün-Beere, 114 cm x 100 cm

Oberstoff 2: Baumwollstoff gemustert in Hellgrün, 58 cm x 58 cm

Samtband in Beere, 5 mm breit, 3,50 m lang

Textilband in Hellgrün-Weiß gestreift, 15 mm breit, 5,10 m lang

4 Metallknöpfe in Beere, ø 25 mm

waschbares Füllmaterial

Kissenfüllung, 40 cm x 40 cm

Oberstoff 1	2x vorderes Kissenteil A, 42 cm x 42 cm
	2x hinteres Kissenteil, 58 cm x 41 cm
Oberstoff 2	1x vorderes Kissenteil B, 58 cm x 58 cm

NAHTZUGABEN

1 cm Nahtzugabe ist in den Maßen für den Zuschnitt bereits enthalten.

ANLEITUNG

1 … Die 4 Ecken vom vorderen Kissenteil A abschrägen. Dazu jeweils von der Spitze nach rechts und links 5,5 cm abmessen, Markierungspunkte einzeichnen, die Punkte verbinden und entlang der Markierungslinien die Ecken abschneiden. Alle Schnittkanten 1 cm breit nach links umbügeln.

2 … Vorderes Kissenteil A mittig von rechts auf dem vorderen Kissenteil B feststecken und knappkantig aufsteppen.

3 … Für den Hotelverschluss je eine lange Kante der hinteren Kissenteile 2x 1 cm breit nach links falten, bügeln und knappkantig feststeppen. Die hinteren Kissenteile links auf rechts stecken, sodass sich die gesäumten Kanten 20 cm breit überlappen. Das zusammengesteckte hintere Kissenteil rechts auf rechts passgenau auf das vordere Kissenteil stecken, alle Kanten steppen und versäubern. Den Kissenbezug wenden und die Nähte bügeln.

4 … Das Samtband entlang der Nahtkante vom vorderen Kissenteil A aufsteppen, dabei durch alle Stofflagen steppen und am Ende eine 15 cm lange Öffnung zum Befüllen lassen. Die abgesteppte Umrandung mit Füllmaterial ausstopfen und das Band bis zum Ende aufsteppen. Die Bandenden einschlagen und mitfassen.

5 … Die Knöpfe an allen vier Kanten mittig auf dem Samtband platzieren und von Hand annähen. Vom Samtband 4x 35 cm lange Abschnitte zuschneiden, die Bänder links auf links falten und die Schlaufen um die Knöpfe legen. Bandenden mit Überstand am hinteren Kissenteil auf der Stepplinie feststecken und festriegeln, dabei die ausgestopfte Umrandung zusammenraffen.

6 … Für die Quasten vom Textilband 28x 18 cm lange Abschnitte zuschneiden. Jeweils 7 Abschnitte bündig übereinanderlegen und mittig auf je eine Ecke der Kissenhülle in der Diagonalen festriegeln.

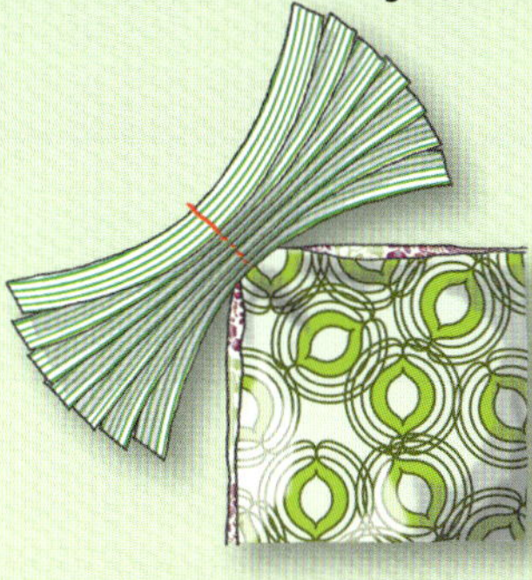

7 … Vom restlichen Samtband 4x 35 cm lange Abschnitte zuschneiden und damit jeweils die Kissenecken direkt über der Quaste abbinden, das Band verknoten und die Enden hängen lassen.

8 … Die Kissenfüllung einlegen.

Johanna oval mit Schleife

SCHWIERIGKEITSGRAD 2

GRÖSSE
44 cm x 31 cm

MATERIAL

Oberstoff 1: Baumwollsatin in Pink, 114 cm x 70 cm

Oberstoff 2: Baumwollstoff in Hellgrün mit Kreisen, 114 cm x 20 cm

Baumwollnessel, 60 cm x 45 cm

Samtband in Rosé, 35 mm breit, 97 cm lang

Metallknopf in Rosé, ø 25 mm

2 Druckknöpfe zum Annähen, ø 14 mm

Applikationsfolie, Rest

waschbares Füllmaterial

SCHNITTMUSTERBOGEN A

Baumwollnessel	2x Schnittteil „Kissen“
	2x Seitenteil, 8 cm x 62 cm
Oberstoff 1	2x Schnittteil „Kissen“
	1x Schnittteil „Übertritt“
Oberstoff 2	2x Seitenteil, 8 cm x 62 cm

NAHTZUGABEN

1 cm Nahtzugabe ist in den Maßen für den Zuschnitt und in den Schnittteilen auf dem Bogen bereits enthalten.

ANLEITUNG

1 … Für die Kissenfüllung die Seitenteile aus Nessel an den kurzen Kanten rechts auf rechts stecken, steppen und die Nahtzugaben auseinanderbügeln. Das Seitenteil rechts auf rechts rundum an Ober- und Unterteil stecken und steppen, dabei eine Öffnung von 10 cm Länge zum Wenden und Befüllen lassen. Die Nahtzugaben einschneiden (siehe Seite 105), das Teil wenden und die Nähte bügeln. Die Kissenfüllung ausstopfen und die Öffnung von Hand oder mit der Maschine schließen.

2 … Das Kissenteil Übertritt an der geraden Kante mit Zickzackstich versäubern, 1,5 cm breit nach links umbügeln und knappkantig absteppen.

3 … Aus dem Samtband eine Schleife anfertigen. Dazu das Band nach 53 cm links auf links falten und die Bruchkante markieren. 2 Markierungslinien einzeichnen in 7,5 cm und 30 cm Abstand zur Bruchkante. Das Band an den Linien aufeinandersteppen.

4 … Das Band an den Enden auseinanderziehen, beide Steppnähte und die Bruchkante passgenau übereinanderstecken und steppen. Die Schleife liegt nicht in der Mitte des Bandes.

5 … Das Samtband mit der Schleife an der geraden Kante vom Kissenteil Übertritt beidseitig knappkantig aufsteppen, dabei rechts und links von der Schleife jeweils nur bis zur Schleifenmitte nähen.

6 … Das Kissenteil an der oberen gerundeten Längskante 2x 0,75 cm breit einschlagen und knappkantig absteppen. Dabei die Zugabe am Anfang und Ende jeweils schräg auslaufen lassen.

7 … Das Kissenteil Übertritt links auf rechts passgenau auf das Kissenteil stecken, sodass die obere gebogene Kante des Übertritts über der gesäumten Kante des Kissenteils übersteht. Die Außenkanten entlang der Überlappungen knappkantig aufeinander steppen.

8 … Die Seitenteile an den kurzen Kanten rechts auf rechts stecken und steppen, die Zugaben auseinanderbügeln. Das Seitenteil rechts auf rechts an die Kissenteile stecken und steppen, dabei die gesäumte Längskante vom vorderen Kissenteil nicht mitfassen, sodass eine Öffnung bleibt.

9 … Die Nahtzugaben von Seitenstreifen und den Kissenteilen zusammen versäubern. Den Kissenbezug wenden und die Nähte bügeln.

10 … Für die Rosette 2 Kreise aus dem Musterrapport von Oberstoff 2 ausschneiden und mit Applikationsfolie aufeinanderbügeln, die Kanten knappkantig absteppen. Den Kreis mit dem Metallknopf in Schleifenmitte nähen und direkt darunter einen Druckknopf auf Über- bzw. Untertritt anbringen. Den anderen Druckknopf mit 15,5 cm Abstand zur Schleifenmitte anbringen.

11 … Die Kissenfüllung einlegen und mit Druckknöpfen verschließen.

Friederike elegant

SCHWIERIGKEITSGRAD 1

GRÖSSE
40 cm x 40 cm

MATERIAL

Oberstoff 1: Baumwollstoff in Pink Ornament, 82 cm x 42 cm

Oberstoff 2: Baumwollstoff in Pink mit Kreisen, 58 cm x 42 cm

Ripsband in Grau, 15 mm breit, 1,40 m lang

unsichtbarer Reißverschluss, 22 cm lang

3 Metallknöpfe in Pink, ø 25 mm

Kissenfüllung, 40 cm x 40 cm

NAHTZUGABEN

1 cm Nahtzugabe ist in den Maßen für den Zuschnitt bereits enthalten.

Oberstoff 1	1x Kissenteil, 82 cm x 42 cm
Oberstoff 2	1x Hülle, 58 cm x 42 cm

ANLEITUNG

1 ... Für den Kissenbezug alle Kanten des Kissenteils mit Zickzackstich versäubern. Der Länge nach rechts auf rechts falten, an der gegenüberliegenden Kante des Umbruchs den Reißverschluss feststecken und einnähen.

2 ... Alle offenen Kanten stecken und steppen, dabei den Reißverschluss geöffnet lassen. Den Kissenbezug wenden und die Nähte bügeln.

3 ... Das Hüllenteil an den kurzen jeweils Kanten 2x 1,5 cm breit nach links falzen und bügeln, dann knappkantig absteppen. Beide Längskanten versäubern.

4 ... Für die Bindebänder das Ripsband halbieren und die Bandenden je 2x 0,5 cm breit einschlagen und knappkantig feststeppen. Die Bänder entlang der kurzen Kanten des Hüllenteils beidseitig knappkantig aufsteppen. Die Bänder nicht bis ans Ende aufsteppen, sondern 2 cm vor der Schnittkante verriegeln. Das überstehende Band hängen lassen.

5 ... Das Hüllenteil der Länge nach rechts auf rechts auf die Hälfte falten und die offenen Kanten stecken und steppen, dabei die überstehenden Bandenden nicht mitfassen. Das Hüllenteil wenden und die Nähte bügeln.

6 ... Auf der Vorderseite des Hüllenteils 3 Knöpfe im Abstand von 3 cm auf dem Ripsband seitlich aufnähen.

7 ... Das Hüllenteil an der gegenüberliegenden Kante des Reißverschlusses (Seitennaht auf Seitennaht) über den Kissenbezug stülpen und im Nahtschatten 2-3 cm breit aufeinander steppen, dabei die Bindebänder nicht mitfassen.

8 ... Die Kissenfüllung einlegen und die Bindebänder zur Schleife binden.

Viktoria in Samt

SCHWIERIGKEITSGRAD 2

GRÖSSE
56 cm x 40 cm

MATERIAL

Oberstoff 1: Baumwollstoff in Hellgrün mit Kreisen, 58 cm x 42 cm

Oberstoff 2: Baumwollstoff in Hellgrün Ornament, 86 cm x 54 cm

Ripsband in Rosé, 15 mm breit, 2,50 m lang

Samtband in Hellgrün, 5 mm breit, 3,30 m lang

Klettverschluss in Weiß, 1 cm breit, 27 cm lang

6 Metallknöpfe in Hellgrün, ø 25 mm

waschbares Füllmaterial

Kissenfüllung, 40 cm x 40 cm

Oberstoff 1	2x Kissenteil, 58 cm x 42 cm
Oberstoff 2	1x Hüllenteil, 86 cm x 54 cm

NAHTZUGABEN

1 cm Nahtzugabe ist in den Maßen für den Zuschnitt bereits enthalten.

ANLEITUNG

1 ... Für den Kissenbezug alle Kanten des Kissenteils versäubern, rechts auf rechts aufeinanderlegen, stecken und steppen, dabei entlang der unteren Längskante mittig 30 cm für den Klettverschluss offen lassen. Das Teil wenden und die Nähte ausbügeln. Mit 8 cm Abstand zu beiden kurzen Kanten Markierungslinien einzeichnen und durch beide Stofflagen absteppen, dabei jeweils 8 cm zum Ausstopfen offen lassen. Die Außenkanten mit Füllwatte ausstopfen und die Nähte schließen.

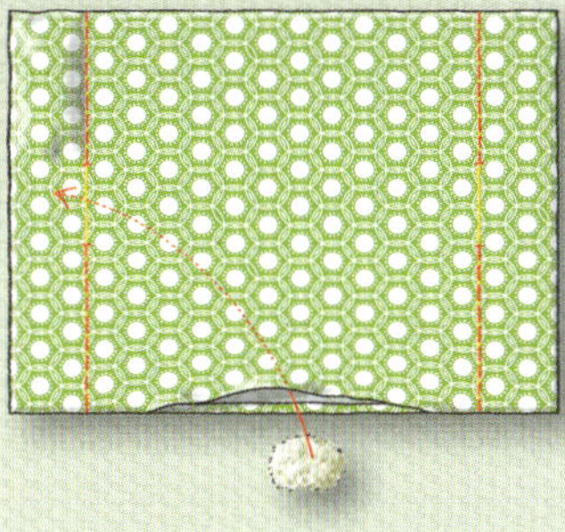

2 ... Klett- und Flauschband des Klettverschlusses von rechts auf die Nahtzugabe an der Nahtöffnung stecken und jeweils beidseitig knappkantig feststeppen. Die Kissenfüllung einlegen.

3 ... Das Hüllenteil an den kurzen Kanten 2x 1,5 cm breit nach links umbügeln und knappkantig absteppen. Die Längskanten jeweils 2x 4 cm breit nach links umbügeln und knappkantig absteppen.

4 ... Das Samtband in 4 gleichlange Teile schneiden und zunächst entlang der Längskanten-Saumlinie, dann parallel mit 4 cm Abstand zur Längskante von rechts auf das Hüllenteil aufsteppen, dabei die Enden einschlagen und mitfassen.

5 ... Das Ripsband 2x 108 cm lang zuschneiden, den Rest halbieren. Die langen Bandstücke jeweils mittig zwischen den Samtbändern entlang der Längskanten beidseitig aufsteppen, sodass die Enden jeweils 14 cm überstehen. Die beiden kurzen Bandstücke an jeweils einer kurzen Kante mittig von links aufsteppen, dabei die Enden einschlagen.

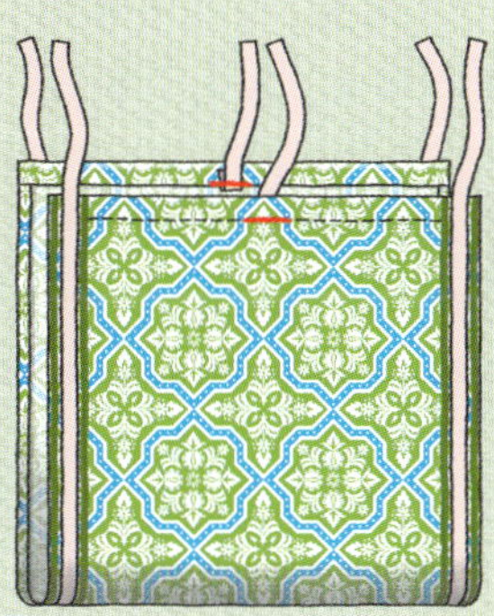

6 ... Alle überstehenden Bandenden 2x 0,5 cm breit einschlagen und feststeppen.

7 ... Das Hüllenteil der Länge nach links auf links zur Hälfte falten, auf der Vorderseite Markierungspunkte für die Knöpfe entlang des Ripsbandes im Abstand von 10 cm aufzeichnen. Die Knöpfe annähen.

8 ... Das Hüllenteil der Länge nach mittig über das Kissen legen und an der oberen Kante mit Bindebändern verschließen.

Cupcake Mary

SCHWIERIGKEITSGRAD 2

GRÖSSE
58 cm x 51 cm

MATERIAL

Oberstoff1: Baumwollstoff in Gestreift, Blau-Weiß, 114 cm x 30 cm

Oberstoff 2: Baumwollstoff in Bedruckt, Rosa, 114 cm x 40 cm

Oberstoff 3: Baumwollstoff in Grün-Blau getupft, 114 cm x 20 cm

Baumwollnessel, 120 cm x 60 cm

Zackenlitze in Rosa, 8 mm breit, 2 m lang

Pomponband in Pink, 50 cm lang

Schmetterlingsknopf in Pink, ø 35 mm

unsichtbarer Reißverschluss, 22 cm lang

waschbares Füllmaterial

SCHNITTMUSTERBOGEN A+B

Oberstoff 1	2x Schnittteil „Cup Cake A“
Oberstoff 2	2x Schnittteil „Cup Cake B“
Oberstoff 3	2x Bindeband, 7 cm x 100 cm
	2x Schnittteil „Schmetterling“
Baumwollnessel	2x Schnittteil „Cup Cake C“

NAHTZUGABEN

1 cm Nahtzugabe ist in den Maßen für den Zuschnitt und in den Schnittteilen auf dem Bogen bereits enthalten.

ANLEITUNG

1 ... Für die Kissenfüllung die Schnittteile Cup Cake C rechts auf rechts stecken und steppen, dabei eine 15 cm lange Öffnung zum Wenden lassen. Die Nahtzugaben zurückschneiden, das Teil wenden und die Nähte bügeln. Die Kissenfüllung stopfen und die Öffnung von Hand oder mit der Maschine schließen.

2 ... Für die Bindebänder die Streifen entlang der Längskanten je 1 cm breit nach links falzen und bügeln. Die Bruchkanten aufeinanderlegen, falzen und bügeln. Je 1 Bandende im 45° Winkel abschrägen, die Zugaben der abgeschrägten Enden 1 cm breit nach innen bügeln und knappkantig absteppen. Die Längskanten knappkantig aufeinandersteppen, über die Stepplinie die Zackenlitze aufsteppen.

3 ... Die Schnittteile Cup Cake A und B an allen Kanten mit Zickzackstich versäubern. Das Pomponband entlang der oberen Kante von Schnittteil Cup Cake A innerhalb der Nahtzugabe von rechts feststeppen, die Pompons zeigen nach unten. Schnittteile A und B jeweils rechts auf rechts stecken und steppen, dabei die Pompons nicht mitfassen. Die Nähte bügeln.

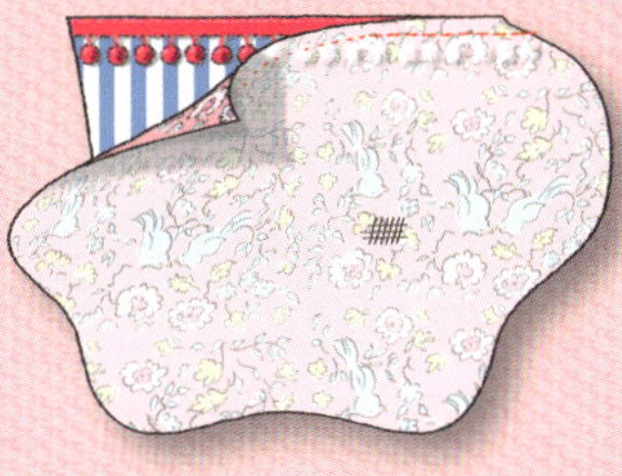

Die Bindebänder jeweils mit 2 cm Abstand zur Naht auf die Schnittteile B aufsteppen, die Enden mit den abgeschrägten Ecken stehen 54 cm über und weisen nach rechts. Die Steppnähte 2 cm vor der Schnittkante verriegeln.

4 ... Die Kissenteile rechts auf rechts passgenau aufeinanderlegen und den Reißverschluss entlang der unteren Kante stecken und einnähen (siehe S. 110).
Den Reißverschluss öffnen und die Kissenteile steppen, dabei das Bindeband nur an der linken Kante mitfassen. Die Nahtzugaben zurückschneiden, das Teil wenden und die Nähte bügeln.

5 ... Die Schnittteile Schmetterling rechts auf rechts stecken und steppen, dabei eine 10 cm lange Öffnung zum Wenden lassen. Die Nahtzugaben zurückschneiden, das Teil wenden und bügeln. Den Schmetterling ausstopfen, die Öffnung von Hand schließen, auf der Kissenhülle platzieren und mittig von rechts auf feststeppen. Den Schmetterlingsknopf von Hand mittig auf dem Schmetterling festnähen.

6 ... Die Kissenfüllung einlegen und die Bänder zur Schleife binden.

Lilly zum Anbeißen

SCHWIERIGKEITSGRAD

GRÖSSE
42 cm x 45 cm

MATERIAL

Oberstoff 1: Baumwollstoff in Rosa bedruckt, 114 cm x 20 cm

Oberstoff 2: Baumwollstoff in Blau-Weiß gestreift, 114 cm x 45 cm

Oberstoff 3: Baumwollstoff in Weiß-Rosa gemustert, 114 cm x 20 cm

Baumwollnessel, 140 cm x 50 cm

Mini-Pomponband in Hellgrün, 35 cm lang

Pomponband in Hellblau, 50 cm lang

Zackenlitze in Hellgrün, 8 mm breit, 40 cm lang

Satinband in Blau, 20 mm breit, 50 cm lang

unsichtbarer Reißverschluss, 22 cm lang

Blumenknopf in Hellblau, ø 15 mm

waschbares Füllmaterial

SCHNITTMUSTERBOGEN A

NAHTZUGABEN

1 cm Nahtzugabe ist in den Schnittteilen auf dem Bogen bereits enthalten.

ANLEITUNG

1 … Für die Kissenfüllung die Schnittteile „Torte“ rechts auf rechts stecken und steppen, dabei eine 15 cm lange Öffnung zum Wenden lassen. Die Nahtzugaben zurückschneiden und an den Ecken bis kurz vor die Naht einschneiden, das Teil wenden und die Nähte bügeln. Die Kissenfüllung stopfen und die Öffnung von Hand oder mit der Maschine schließen.

2 … Alle Kanten der Schnittteile mit Zickzackstich versäubern. Das Pomponband von rechts auf die Nahtzugabe der oberen Kante des Tortenbodens steppen, die Pompons zeigen nach unten. Das Mini-Pomponband auf die Nahtzugabe der oberen Kante der Tortenmitte auf die gleiche Weise annähen.

3 … Dann die untere Kante der Tortenmitte mittig rechts auf rechts auf obere Kante des Tortenbodens stecken und steppen, dabei die Pompons nicht mitfassen. Die Naht bügeln, die Nahtzugaben in die Tortenmitte bügeln. Die Zackenlitze entlang der Naht auf die Tortenmitte aufsteppen.

4 … Die untere Kante der Tortenspitze mittig rechts auf rechts auf die obere Kante der Tortenmitte legen und steppen, dabei die Pompons nicht mitfassen. Die Naht bügeln, die Nahtzugaben in die Tortenspitze bügeln. Das Satinband in 8 cm Abstand zum rechten Ende zur Schleife binden, dann mit 8 mm Abstand zur Naht auf die Tortenspitze knappkantig beidseitig aufsteppen, dabei den Knoten in Schleifenmitte aussparen.

5 … Das zusammengesetzte Tortenteil auf das hintere Tortenteil rechts auf rechts passgenau aufeinanderlegen und den Reißverschluss entlang der unteren Kante mittig stecken und einnähen (siehe S. 110). Den Reißverschluss öffnen und die Kissenteile steppen, die Nahtzugaben zurückschneiden und an den Ecken bis kurz vor der Naht einschneiden. Das Teil wenden und die Nähte bügeln.

6 … Den Knopf von Hand in der Schleifenmitte annähen, die Kissenfüllung einlegen.

Oberstoff 1	1x Schnittteil „Tortenspitze“
Oberstoff 2	1x Schnittteil „Tortenmitte“
	1x Schnittteil „Torte“ (hinteres Tortenteil)
Oberstoff 3	1x Schnittteil „Tortenboden“
Baumwollnessel	2x Schnittteil „Torte“

Lotte mit Tasche

SCHWIERIGKEITSGRAD 3

GRÖSSE
56 cm x 58 cm

MATERIAL

Oberstoff 1: Baumwollstoff in Rosa bedruckt, 114 cm x 55 cm

Oberstoff 2: Baumwollstoff in Blau-Weiß gestreift, 114 cm x 45 cm

Oberstoff 3: Baumwollstoff in Grün-Blau getupft, 114 cm x 35 cm

Baumwollnessel, 120 cm x 60 cm

aufbügelbare Gewebeeinlage G 700, 45 cm

Mini-Pomponband in Hellgrün, 40 cm lang

unsichtbarer Reißverschluss, 22 cm lang

waschbares Füllmaterial

SCHNITTMUSTER-BOGEN A

NAHTZUGABEN

1 cm Nahtzugabe ist in den Maßen für den Zuschnitt und in den Schnittteilen auf dem Bogen bereits enthalten. Den Volant aus mehreren Teilen zusammensetzen!

Oberstoff 1	2x Schnittteil „Herz“
Baumwollnessel	2x Schnittteil „Herz“
Oberstoff 2	1x Schnittteil „Tasche“
Gewebeeinlage	1x Schnittteil „Tasche“
Oberstoff 3	1x Rüsche 14 cm x 2,50 m

ANLEITUNG

1 ... Für die Kissenfüllung die Schnittteile „Herz“ aus Baumwollnessel rechts auf rechts stecken und steppen, dabei eine 15 cm lange Öffnung zum Wenden lassen. Die Nahtzugaben zurückschneiden und an den Ecken bis kurz vor die Naht einschneiden, das Teil wenden und die Nähte bügeln. Die Kissenfüllung ausstopfen und die Öffnung von Hand oder mit der Maschine schließen.

2 ... Für die Rüsche die einzelnen Zuschnitte zum Ring zusammensteppen, die Nähte bügeln und die Zugaben auseinanderbügeln. Die Rüsche der Länge nach links auf links zur Hälfte bügeln und entlang der Schnittkanten auf das Maß des Kissenumfangs einkräuseln (siehe Seite 107).

3 ... Für die Tasche die Einlage von links auf das Taschenteil bügeln, entlang der Bruchkante links auf links falten und bügeln.

Das Mini-Pomponband mit 3 mm Abstand zur Bruchkante von rechts auf die Tasche steppen, die Pompons zeigen nach unten. Die Tasche von rechts passgenau zur Herzspitze auf das vordere Kissenteil stecken und die Tasche mittig im rechten Winkel zur Bruchkante auf dem vorderen Kissenteil feststeppen.

4 ... Die Rüsche von rechts Kanten auf Kante am vorderen Kissenteil feststecken und knappkantig festriegeln. Alle Kanten der Kissenteile versäubern, dabei die Rüsche und die Tasche mit fassen.

5 ... Vorderes und hinteres Kissenteil rechts auf rechts passgenau aufeinanderlegen und den Reißverschluss entlang der unteren Kante mittig stecken und einnähen (siehe S. 110). Den Reißverschluss öffnen und die Kissenteile steppen, die Nahtzugaben zurückschneiden und an den Ecken bis kurz vor der Naht einschneiden. Das Teil wenden und die Nähte bügeln. Die Kissenfüllung einlegen.

Bedruckte Kissen

Hier kommt Farbe ins Spiel! In diesem Kapitel können Sie Ihre Kissen mithilfe kräftiger Farben und stilechter Schablonen so richtig aufpeppen. Wer sitzt wo? Diese Frage muss sich nun auch niemand mehr stellen, denn nun können Sie die Namen Ihrer Gäste direkt auf das Sitzkissen drucken.

Dabei müssen die Kissen nicht immer quadratisch sein. Warum nicht einmal ein sternförmiges Kissen nähen? Noch stylischer werden die Kissen, wenn sie kleine Orden oder Applikationen aufbringen. Mit diesem Kapitel haben Sie sicherlich viel Spaß!

Henry mit Stern

SCHWIERIGKEITSGRAD 2

GRÖSSE
60 cm x 60 cm

MATERIAL

Oberstoff 1: Baumwoll-Leinen in Hellblau bedruckt, 115 cm x 62 cm

Oberstoff 2: Baumwollstoff in Blau-Hellblau getupft, 62 x 62 cm

Oberstoff 3: Baumwoll-Leinen in Pink-Weiß gestreift, 45 cm x 45 cm

Blütenborte in Hellblau-Pink, 10 mm breit, 2,50 m lang

Klettverschluss in Weiß, 1,5 cm breit, 30 cm lang

Ansteckadel Orden in Rot-Weiß

beidseitig aufbügelbares Volumenvlies HH 650, 45 cm x 45 cm

Textilfarbe in Türkis

Schablone „Stern"

Kissenfüllung, 50 cm x 50 cm

SCHNITTMUSTERBOGEN A

NAHTZUGABEN

1 cm Nahtzugabe ist in den Maßen für den Zuschnitt bereits enthalten. Den Stern ohne Nahtzugabe zuschneiden. Die Applikation aus Volumenvlies rundherum 3 mm kleiner als das Schnittteil „Stern“ zuschneiden.

ANLEITUNG

1 ... Vorderes Kissenteil 2 und hinteres Kissenteil rechts auf rechts stecken und steppen, dabei eine 10 cm lange Öffnung zum Wenden lassen. Die Nahtzugaben zurückschneiden, das Teil wenden und die Nähte bügeln. Die Öffnung von Hand schließen. Entlang der Außenkante die Blumenborte durch beide Stofflagen aufsteppen, dabei die Enden einschlagen. In 5 cm Abstand zur Außenkante eine Rahmenlinie auf das vordere Kissenteil 2 zeichnen.

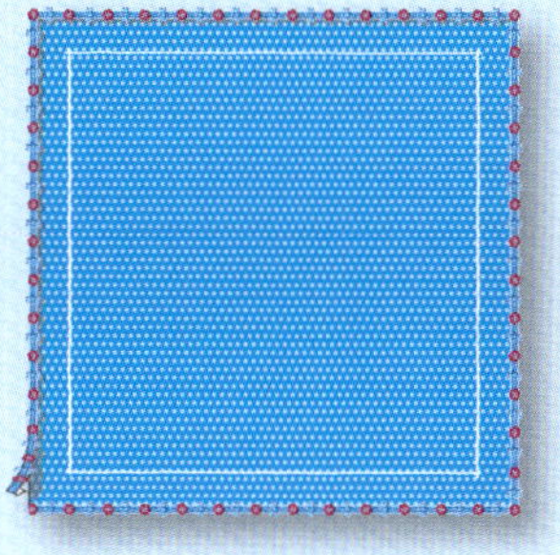

2 ... Das Volumenvlies auf die linke Seite des Sterns bügeln. Mit der Schablone einen Stern nach Herstelleranleitung mittig auf die Applikation aufdrucken, trocknen lassen und durch Bügeln fixieren. Die Applikation mittig auf das vordere Kissenteil 1 aufbügeln und knappkantig absteppen.

3 ... Die Außenkanten des vorderen Kissenteils 1 nach links 1,5 cm breit einbügeln. Für den Übertritt ein Band des Klettverschlusses mittig auf die umgebügelte Zugabe der unteren Kante aufsteppen.

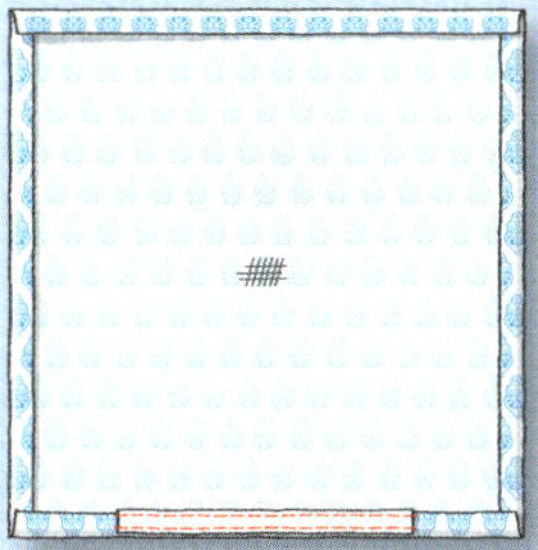

Vorderes Kissenteil 1 entsprechend der Markierungslinie auf das vordere Kissenteil 2 legen und Untertritt markieren, das andere Band des Klettverschlusses aufsteppen.

4 ... Vorderes Kissenteil 1 auf dem vorderen Kissenteil 2 feststecken, rundherum knappkantig aufsteppen, dabei den Klettverschluss aussparen.

5 ... Die Kissenfüllung einlegen und den Stern mit der Anstecknadel dekorieren.

Oberstoff 1	1x hinteres Kissenteil, 62 cm x 62 cm
	1x vorderes Kissenteil 1, 53 cm x 53 cm
Oberstoff 2	1x vorderes Kissenteil 2, 62 cm x 62 cm
Oberstoff 3	1x Schnittteil „Stern“
Volumenvlies	1x Schnittteil „Stern“

Nora zum Binden

SCHWIERIGKEITSGRAD 1

GRÖSSE
80 cm x 40 cm

MATERIAL

Oberstoff 1: Baumwoll-Leinen in Pink bedruckt, 40 cm x 42 cm

Oberstoff 2: Baumwoll-Leinen in Hellblau-Weiß gestreift, 138 cm x 42 cm

Oberstoff 3: Baumwoll-Leinen in Pink-Weiß gestreift, 33 cm x 42 cm

Häkelspitze in Weiß, 15 mm breit, 45 cm lang

2 Sternknöpfe in Weiß, ø 15 mm

2 Sternknöpfe in Blau, ø 15 mm

Sternknopf in Pink, ø 15 mm

Satinband in Blau-Weiß getupft, 10 mm breit, 45 cm lang

Textilfarbe in Türkis

Schablone „Stern"

Kissenfüllung, 80 cm x 40 cm

Oberstoff 1	1x vorderes Kissenteil 1, 40 cm x 42 cm
Oberstoff 2	1x vorderes Kissenteil 2, 38 cm x 42 cm
	1x hinteres Kissenteil, 98 cm x 42 cm
Oberstoff 3	1x vorderes Kissenteil 3, 9 cm x 42 cm
	6x Bindeband, 24 cm x 4 cm

NAHTZUGABEN

1 cm Nahtzugabe ist in den Maßen für den Zuschnitt bereits enthalten.

ANLEITUNG

1 … Das vordere Kissenteil 2 mittig mit Sternschablone nach Herstelleranleitung bedrucken, trocknen lassen und durch Bügeln fixieren. Die Knöpfe platzieren und von Hand annähen.

2 … Das vordere Kissenteil 2 an einer kurzen Kante 2x 1 cm breit nach links falzen, bügeln und knappkantig absteppen. Auf die gegenüberliegende kurze Kante von rechts die Häkelspitze auf die Nahtlinie aufsteppen, die Zacken zeigen nach innen.

3 … Eine kurze Kante vom vorderen Kissenteil 3 rechts auf rechts über die Häkelspitze stecken und steppen. Die Nahtzugaben zusammen ins vordere Kissenteil 3 bügeln und das Satinband entlang der Kante von rechts zweimal knappkantig aufsteppen.

4 … Das vordere Kissenteil 1 rechts auf rechts auf das vordere Kissenteil 3 stecken und steppen, die Naht bügeln.

5 … Das hintere Kissenteil an einer kurzen Kante 2x 1 cm breit nach links falzen, bügeln und knappkantig absteppen, dann 15 cm breit nach rechts umbügeln und wieder auffalten.

6 … Das vordere Kissenteil rechts auf rechts auf das hintere Kissenteil stecken, sodass die gesäumte kurze Kante bündig mit der Umbruchkante des hinteren Kissenteils abschließt. Den Überstand des hinteren Kissenteils entlang der Bruchkante rechts auf links über das vordere Kissenteil klappen und an den Längskanten feststecken.

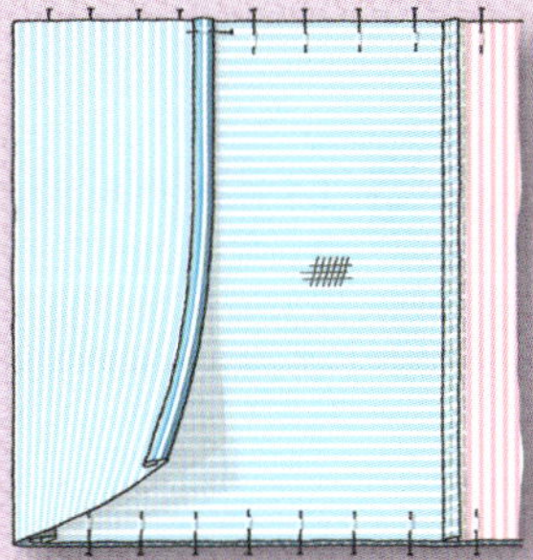

7 … Die Kanten zusammensteppen und versäubern. Das Teil wenden und die Nähte bügeln.

8 … Für die Bindebänder die Streifen der Länge nach links auf links auf die Hälfte bügeln, aufklappen und Längskanten beidseitig zur Bruchkante bügeln. Dabei die Enden 1 cm breit nach innen umbügeln. Die Bruchkanten der Länge nach aufeinanderbügeln und knappkantig absteppen (siehe S. 106).

9 … An der offenen Kante des Kissenbezuges je drei Bindebänder am vorderen und hinteren Kissenteil platzieren, die Bänder liegen sich paarweise gegenüber. Die Bänder mit 1,5 cm Überstand von links feststecken. Die Umbruchkante des hinteren Kissenteils füßchenbreit absteppen, dabei Bindebänder mitfassen. Am vorderen Kissenteil die Bindebänder jeweils entlang der Steppnaht festriegeln.

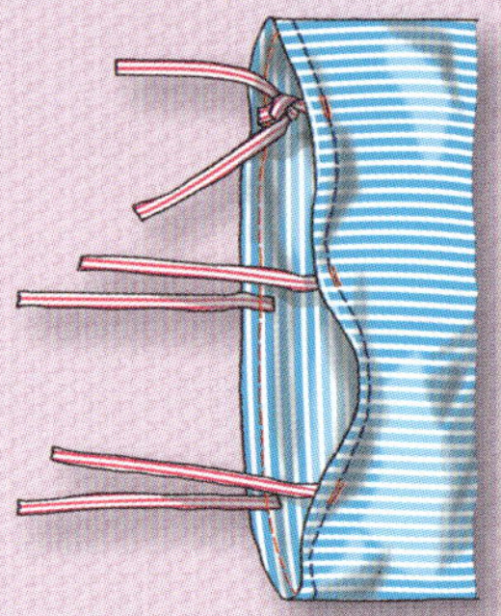

10 … Die Füllung einlegen und die Bänder zur Schleife binden.

Vincent aufleuchtend

SCHWIERIGKEITSGRAD 3

GRÖSSE
58 cm x 56 cm

MATERIAL

Oberstoff 1: Baumwoll-Leinen in Hellblau Ornament, 40 cm x 40 cm

Oberstoff 2: Baumwoll-Leinen in Pink-Weiß gestreift, 30 cm x 30 cm

Oberstoff 3: Baumwoll-Leinen in Pink Ornament, 60 cm x 60 cm

Oberstoff 4: Baumwollstoff in Blau-Hellblau getupft, 114 cm x 30 cm

Satinband in Blau-Weiß getupft, 10 mm breit, 30 cm lang

Textilband mit Vichykaro in Rosa-Weiß, 10 mm breit, Rest

Sternknopf in Dunkelblau, ø 20 mm

Applikationsfolie, 20 cm x 20 cm

Textilfarbe in Pink

Schriftschablone „Vintage Design"

waschbares Füllmaterial

SCHNITTMUSTERBOGEN A+B

NAHTZUGABEN

1 cm Nahtzugabe ist in den Maßen für den Zuschnitt und in den Schnittteilen auf dem Bogen bereits enthalten. Die Sternapplikation ohne Nahtzugabe zuschneiden. Das Seitenteil aus mehreren Teilen zusammensetzen.

Oberstoff 1	1x Schnittteil „Stern A“
Oberstoff 2	1x Schnittteil „Stern B“
Oberstoff 3	1x Schnittteil „hinteres Kissenteil“
Oberstoff 4	4x Schnittteil „Applikation“
	1x Seitenteil, 8 cm x 230 cm

ANLEITUNG

1 … Alle Kanten der Schnittteile mit Zickzackstich versäubern. Für das vordere Kissenteil die Schnittteile Stern A und Stern B an der geraden Kante rechts auf rechts stecken und steppen. Die Naht bügeln, die Zugaben in Teil A bügeln und das Satinband von rechts beidseitig knappkantig entlang der Naht aufsteppen.

2 … Die Applikationsfolie auf die Rückseite von Oberstoff 4 bügeln und mithilfe des Schnittteils Applikation 4 Sterne ausschneiden. Die Motive auf dem vorderen Kissenteil platzieren, aufbügeln und knappkantig aufsteppen.

3 … Mit der Schriftschablone das vordere Kissenteil nach Herstelleranleitung bedrucken, trocknen lassen und das Motiv durch Bügeln fixieren.

4 … Die Teile für den Seitenstreifen an den kurzen Kanten rechts auf rechts zusammensteppen und zum Ring schließen. Die Nähte bügeln und die Zugaben auseinanderbügeln. Zuerst am vorderen Kissenteil, dann am hinteren Kissenteil feststecken und steppen. Dabei an den Spitzen und Ecken die Nadel in die tiefste Position bringen, den Nähfuß anheben, die Arbeit drehen, den Nähfuß wieder senken und weiternähen. An einer geraden Kante eine 15 cm lange Öffnung zum Wenden lassen.

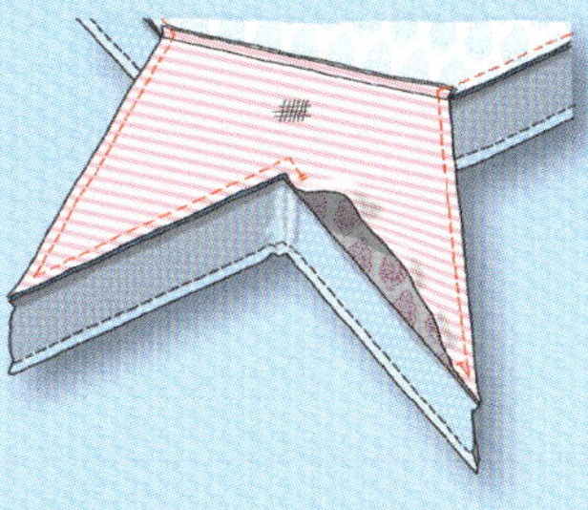

Die Nahtzugaben zurückscheiden, an den Ecken bis kurz vor der Naht einschneiden. Das Kissenteil wenden und die Nähte bügeln. Das Kissen ausstopfen und die Öffnung von Hand schließen.

5 … Das Vichykaroband der Länge nach zur Hälfte legen, mit dem Knopf auf dem vorderen Kissenteil platzieren und von Hand annähen.

Sophia in Rosé

SCHWIERIGKEITSGRAD 2

GRÖSSE
Sitzkissen 40 cm x 40 cm
Rückenpolster 46 cm x 30 cm

MATERIAL

Oberstoff 1: Baumwollstoff in Grau-Beige gestreift, 114 cm x 100 cm

Oberstoff 2: Baumwollstoff in Rosa-Gelb gemustert, 42 cm x 85 cm

Oberstoff 3: Baumwollstoff in Pink Ornament, 114 cm x 82 cm

Oberstoff 4: Baumwollstoff in Rosa-Beige, 24 cm x 46 cm

Volumenvlies H 630, Rest

Bogenlitze in Beige, 12 mm breit, 90 cm lang

Zackenlitze in Rosa, 12 mm breit, 90 cm lang

Textilfarbe in Schwarz

Schriftschablone Buchstaben und Zahlen

waschbares Füllmaterial

Kissenfüllung, 40 cm x 40 cm

NAHTZUGABEN
1 cm Nahtzugabe ist in den Maßen für den Zuschnitt bereits enthalten.

ANLEITUNG
SITZKISSEN

1 … Das vordere Kissenteil mit Buchstaben nach Herstelleranleitung wunschgemäß bedrucken, die Farbe trocknen lassen und mit dem Bügeleisen fixieren.

2 … Die hinteren Kissenteile an je einer Kante 2x 1 cm breit nach links falzen und bügeln, knappkantig absteppen. Die hinteren Kissenteile an den gesäumten Kanten links auf rechts 30 cm breit übereinanderlegen und die Überlappungen knappkantig verriegeln.

3 … Vorderes und hinteres Kissenteil links auf links passgenau aufeinanderlegen, stecken und steppen. Die Nahtzugaben mit dem Overlock- oder Zickzackstich in Pink zusammen versäubern.

4 … Für die Bindebänder je einen Streifen der Länge nach links auf links falzen und bügeln, die Enden jeweils im 45° Winkel schräg abschneiden und die offenen Kanten mit dem Overlock- oder Zickzackstich in Pink zusammen versäubern.

5 … Die Bänder zur Hälfte falten, die Bruchkanten markieren und entlang der Markierung an der oberen Kissenkante des Unterteils feststeppen, dabei auf der Nahtzugabe nähen. Der Abstand der Bänder hängt vom gewählten Stuhl ab.

6 … Die Kissenfüllung einlegen und die Bindebänder an der Stuhllehne zur Schleife binden.

SITZKISSEN	
Oberstoff 1	1x vorderes Kissenteil, 42 cm x 42 cm
	2x hinteres Kissenteil, 37 cm x 42 cm
	2x Bindeband, 12 cm x 104 cm
ÜBERZUG	
Oberstoff 1	2x Taschenbesatz, 42 cm x 15 cm
Oberstoff 2	1x vorderes Kissenteil, 42 cm x 85 cm
Oberstoff 3	1x hinteres Kissenteil mit Taschen, 114 cm x 42 cm
RÜCKENPOLSTER	
Oberstoff 1	1x Applikation, 21 cm x 7,5 cm
	1x Bindeband, 100 cm x 2 cm
Oberstoff 3	1x hinteres Kissenteil, 40 cm x 46 cm
Oberstoff 4	1x vorderes Kissenteil, 24 cm x 46 cm
Volumenvlies	1x Applikation, 6,5 cm x 20 cm

ÜBERZUG MIT TASCHEN

1 … Den Taschenbesatz jeweils an den Längskanten versäubern. Die Besatzstreifen links auf links falten und bügeln. Jeweils eine Längskante an eine kurze Kante des hinteren Kissenteils rechts auf rechts stecken und steppen, die Nahtzugaben zusammen versäubern und die Naht bügeln, dabei die Zugaben in den Besatzstreifen bügeln. Die Zackenlitze von rechts über die Naht steppen, dabei alle Lagen mitfassen. Die Bogenlitze entlang der Bruchkante des Besatzstreifens von rechts aufsteppen, die Bogen zeigen nach unten.

2 … Die Längskanten des hinteren Kissenteils mit Zickzackstich versäubern, 3 cm breit nach links umbügeln und 2 cm breit entlang der Versäuberungsnaht feststeppen.

3 … Alle Kanten des vorderen Kissenteils versäubern, die Längskanten 3 cm breit nach links umbügeln und 2 cm breit entlang der Versäuberungsnaht feststeppen.

4 … Das vordere Kissenteil der Länge nach mittig links auf links auf das hintere Kissenteil stecken. Für die Taschen den überstehenden Stoff des hinteren Kissenteils an den kurzen Kanten zur Mitte hin einschlagen, stecken, jeweils 1x knappkantig und 1x mit 2 cm Abstand aufeinandersteppen.

Jede Tasche noch zweimal unterteilen, dafür 2 Markierungslinien senkrecht zum Eingriff in gleichmäßigen Abständen einzeichnen und absteppen.

5... Vorderes und hinteres Kissenteil so aufeinandersteppen, dass in der Mitte eine 40 cm breite Öffnung für das Sitzkissen bleibt und rechts und links die Taschen überstehen.

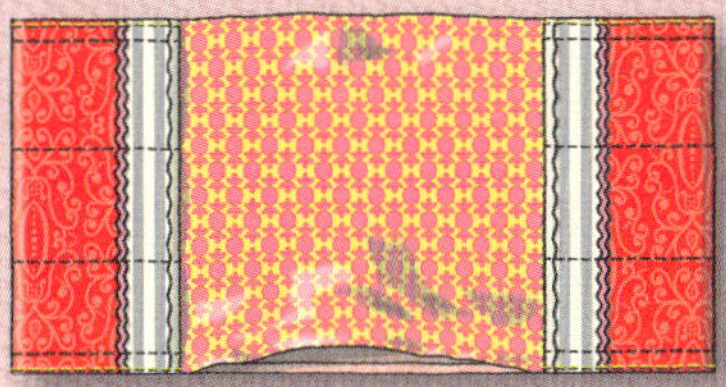

6... Den Überzug über das Sitzkissen stülpen.

RÜCKENPOLSTER

1... Die Applikation mit Buchstabenschablone nach Wunsch bedrucken, trocknen lassen und mit dem Bügeleisen fixieren. Das Volumenvlies von links auf die Applikation bügeln, alle Kanten in Pink versäubern. Die Längskanten des vorderen Kissenteils in Pink versäubern.
Die Applikation in 8 cm Abstand zur unteren kurzen Kante mittig auf das vordere Kissenteil entlang der Versäuberungsnaht aufsteppen.

2... Das hintere Kissenteil entlang der Längskanten jeweils 3 cm breit nach links umbügeln. Das vordere Kissenteil links auf links der Länge nach mittig auf das hintere Kissenteil stecken, sodass die kurzen Kanten bündig aufeinanderliegen und die Längskanten des hinteren Kissenteils verdeckt sind.

3... In 8 cm Abstand zur oberen Kante der Applikation eine Markierungslinie auf dem vorderen Kissenteil einzeichnen und entlang der Line das vordere und das hintere Kissenteil zusammensteppen.
Das Teil bis zur oberen Steppnaht mit Füllmaterial ausstopfen. Die kurzen Kanten der Kissenteile füßchenbreit zusammensteppen und die Nahtzugaben in Pink zusammen versäubern.

4... Den Streifen für die Bindebänder der Länge nach links auf links falzen und bügeln. Die offenen Längskanten in Pink steppen, die Zugaben in Pink versäubern.

5... Das Band in 4 gleichlange Teile schneiden und je 2 Bänder an den kurzen Kanten des Rückenpolsters an den Ecken des vorderen Kissenteils festriegeln.

Luise im Patchwork-Look

SCHWIERIGKEITSGRAD 2

GRÖSSE
Kissen 40 cm x 40 cm
Dekostreifen 8 cm x 59 cm

MATERIAL

Oberstoff 1: Baumwollstoff in Grau-Beige Pepita, 114 cm x 33 cm

Oberstoff 2: Baumwollstoff in Rosa-Gelb gemustert, 42 cm x 17 cm

Oberstoff 3: Baumwollstoff in Pink-Rosa getupft, 27 cm x 17 cm

Oberstoff 4: Baumwollstoff in Grau-Beige gestreift, 84 cm x 24 cm

Volumenvlies HH 650, doppelseitig aufbügelbar, 60 cm x 8 cm

aufbügelbares Volumenvlies H 630, 24 cm x 24 cm

Vliesstreifen, doppelseitig aufbügelbar, 30 mm breit, 60 cm lang

2 Knöpfe in Grau, ø 17 mm

Textilfarbe in Schwarz

Schriftschablone Buchstaben und Zahlen

Kissenfüllung, 40 cm x 40 cm

NAHTZUGABEN

1 cm Nahtzugabe ist in den Maßen für den Zuschnitt bereits enthalten.

ANLEITUNG

SITZKISSEN

1... Applikation D mit Buchstaben und Zahlen nach Herstelleranleitung wunschgemäß bedrucken, trocknen lassen und mit dem Bügeleisen fixieren. Das Volumenvlies von links aufbügeln und an allen Kanten mit Overlock- bzw. Zickzackstich in Pink versäubern

2... Für das vordere Kissenteil in Patchworkoptik die vorderen Kissenteile A, B und C nach Skizze rechts auf rechts stecken und steppen, dabei zuerst die Teile A und C zusammennähen,

Oberstoff 1	1x vorderes Kissenteil A, 27 cm x 27 cm
	2x hinteres Kissenteil, 33 cm x 42 cm
	2x Dekostreifen, 9 cm x 60 cm
Oberstoff 2	1x vorderes Kissenteil B, 17 cm x 42 cm
Oberstoff 3	1x vorderes Kissenteil C, 17 cm x 27 cm
Oberstoff 4	1x Dekostreifen E, 4,5 cm x 60 cm
	1x Applikation D, 24 cm x 24 cm
Volumenvlies HH 650	1x Dekostreifen, 8 cm x 59 cm
Volumenvlies H 630	1x Applikation, 23 cm x 23 cm

dann Teil B steppen. Die Nähte bügeln. Die Applikation mittig auf dem vorderen Kissenteil platzieren und füßchenbreit aufsteppen.

3... Die hinteren Kissenteile an je einer Kante 2x 1 cm breit nach links falzen und bügeln, knappkantig absteppen. Die hinteren Kissenteile an den gesäumten Kanten links auf rechts 16 cm breit übereinanderlegen und an den Überlappungen stecken.

4... Vorderes und hinteres Kissenteil links auf links stecken und steppen. Die Nahtzugaben mit dem Overlock- oder Zickzackstich in Pink zusammen versäubern.

5... Die Kissenfüllung einlegen.

DEKOSTREIFEN

1... Dekostreifen E nach links auf links quer zur Hälfte falten und mit der Buchstabenschablone nach Herstelleranleitung wunschgemäß bedrucken, trocknen lassen und mit dem Bügeleisen fixieren. Beim Bedrucken je nach Breite der Rückenlehne einen Abstand für die Knopflöcher einhalten. Den Vliesstreifen auf den Dekostreifen E aufbügeln, dann auf dem Dekostreifen fixieren.

2... Die Teile Dekostreifen links auf links aufeinanderlegen, das Volumenvlies dazwischenlegen und mit dem Bügeleisen fixieren.

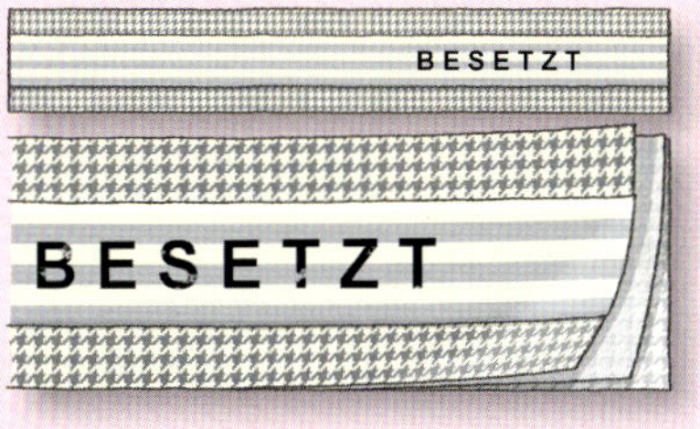

Die Teile an allen Kanten füßchenbreit aufeinandersteppen und in Pink mit dem Overlock- oder Zickzackstich zusammen versäubern. Die Längskanten von Dekostreifen E knappkantig absteppen.

3... An der kurzen Kante neben dem Aufdruck 2 Knopflöcher in 2 cm Abstand parallel nebeneinander einarbeiten. Dabei für den Vintage-Look je 2 cm Knopflochlänge markieren und mit 2-3 mm Abstand im Rechteck umsteppen. Die Knopflöcher vorsichtig einschneiden (siehe Seite 107).

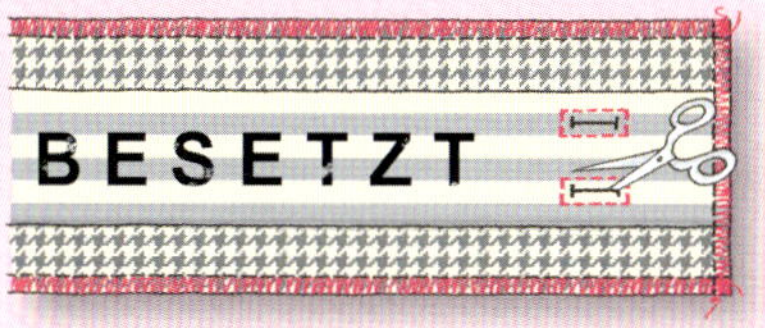

4... Den Dekostreifen links auf links quer zur Hälfte legen und am Untertritt Markierungspunkte für die Knöpfe einzeichnen. Die Knöpfe von Hand annähen. Den Dekostreifen über die Rückenlehne legen und mit den Knöpfen verschließen.

Kissen für die Kleinen

Mit Kissen zu spielen macht Spaß! Sie sehen nicht nur lustig aus sondern sind auch noch besonders kuschelig. Wenn die Kleinen eine Spielpause einlegen, können sie ihre neuen Spielgefährten einfach fest an sich drücken und mit ihnen kuscheln. Das Kissen in Geschenkform eignet sich hervorragend als Geburtstagsgeschenk und von dem kleinen Auto kann auf dem Kindergeburtstag sicher keiner mehr die Finger lassen.

Ella mit Riesenohren

SCHWIERIGKEITSGRAD 3

GRÖSSE
48 cm x 48 cm

MATERIAL

Oberstoff 1: Baumwollstoff in Grau mit Kreisen, 114 cm x 100 cm

Oberstoff 2: Baumwollstoff in Schwarz-Weiß, 114 cm x 50 cm

Baumwollnessel, 50 cm x 50 cm

Paspelband in Schwarz, 2,50 m lang

Textilband mit Vichykaro in Rot-Weiß, 5 mm breit, 40 cm lang

2 Knöpfe in Schwarz, ø 28 mm

Applikationsfolie, Rest

unsichtbarer Reißverschluss, 60 cm lang

waschbares Füllmaterial

SCHNITTMUSTERBOGEN B

NAHTZUGABEN

1 cm Nahtzugabe ist in den Maßen für den Zuschnitt und in den Schnittteilen auf dem Bogen bereits enthalten.

ANLEITUNG

1... Für die Kissenfüllung die Kissenteile aus Nessel rechts auf rechts zusammenlegen und an 3 Kanten steppen. Die offene Kante auffalten und die gegenüberliegenden Nähte aufeinanderlegen, sodass ein Tetraeder entsteht. Die Kante zusammennähen, dabei eine 10 cm lange Öffnung zum Wenden lassen. Die Nahtzugaben zurückschneiden, das Teil wenden und die Nähte bügeln. Mit Füllmaterial prall ausstopfen und die Öffnung von Hand oder mit der Maschine schließen.

2... An allen Ohrenteilen die Falte einlegen und festriegeln. Das Paspelband jeweils entlang der Ohrenteile aus Oberstoff 2 auf die Nahtzugaben rundherum aufsteppen, die Paspelkordel zeigt nach innen und liegt auf der Nahtkante.

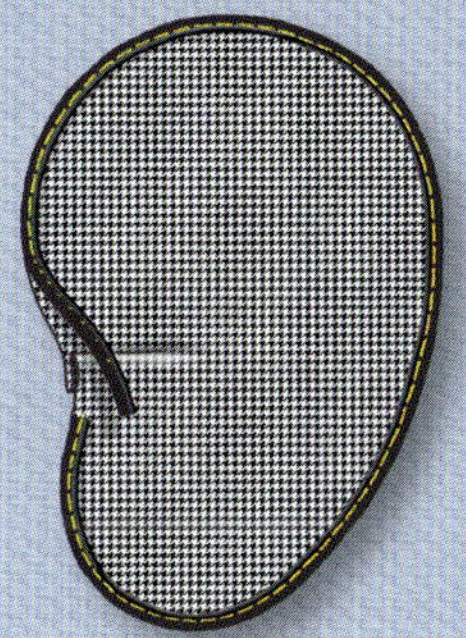

Je ein Ohrenteil aus Oberstoff 1 und Oberstoff 2 rechts auf rechts stecken und steppen, die Kordel der Paspel liegt innerhalb der Nähte. Eine 10 cm lange Öffnung zum Wenden lassen. Die Zugaben zurückschneiden, die Ohren wenden und mit etwas Füllmaterial flach ausstopfen. Die offenen Kanten von Hand schließen.

3... Die Schnittteile Rüssel rechts auf rechts stecken und bis auf die gerade Längskante zusammensteppen. Die Nahtzugaben zurückschneiden, das Teil wenden und die Nähte bügeln. Den Rüssel ausstopfen.

Oberstoff 1	2x Kissenteil, 50 cm x 50 cm
	2x Schnittteil „Ohr“, gegengleich
Oberstoff 2	2x Schnittteil „Ohr“, gegengleich
	2x Schnittteil „Rüssel“
Baumwollnessel	2x Kissenteil, 50 cm x 50 cm

4... Alle Kanten der Kissenteile versäubern. Die Kissenteile rechts auf rechts stecken, dabei den ausgestopften Rüssel mit der offenen Kante an Kante von innen dazwischenstecken.

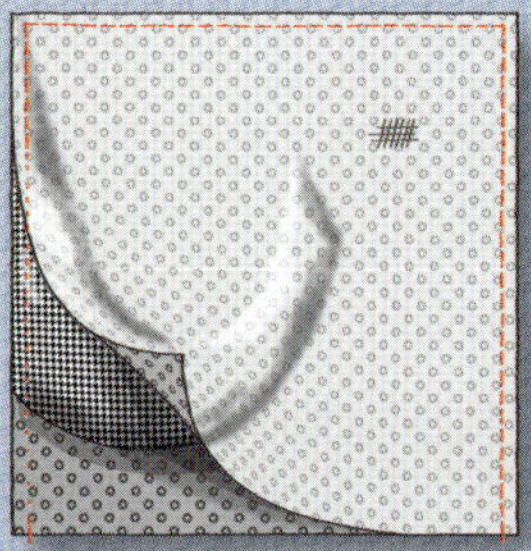

An 3 Kanten steppen, dabei die untere Kante offen lassen. Die offene Kante auffalten und die Kissenhülle probeweise über die Füllung ziehen.

5... Die Ohren rechts und links neben dem Rüssel platzieren und innerhalb der Markierung feststecken. Für die Augen die Applikationsfolie auf Oberstoff 2 bügeln und 2 Kreise ø 5 cm ausschneiden. Die Augen auf der Kissenhülle platzieren.

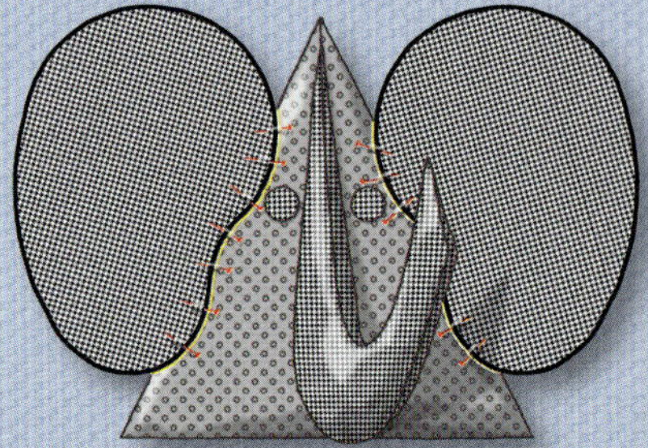

Die Kissenfüllung herausnehmen, die Augenapplikation aufbügeln und knappkantig feststeppen. Die Ohren neben der Paspel innerhalb der Markierungen auf dem Kissenteil feststeppen.

6... Das Kissen wieder auf links wenden, die offene Kante auffalten und die gegenüberliegenden Nähte aufeinanderlegen, sodass ein Tetraeder entsteht. Den Reißverschluss feststecken, dabei den Reißverschluss auf das erforderliche Maß am Ende kürzen und mit 1,5 cm Nahtzugabe quer verriegeln. Den Reißverschluss einnähen (siehe S. 110) und den Kissenbezug wenden.

7... Für die „Haare" das Vichykaroband halbieren, beide Hälften übereinanderlegen, zur Hälfte falten legen und die Bandenden an der Kopfspitze von Hand fixieren.

Amelie zum Verschenken

SCHWIERIGKEITSGRAD 3

GRÖSSE
32 cm x 20 cm

MATERIAL

Oberstoff 1: Baumwollstoff in Pink bedruckt, 114 cm x 120 cm

Oberstoff 2: Baumwollstoff in Petrol bedruckt, 114 cm x 45 cm

Oberstoff 3: Baumwollstoff in Pink-Orange getupft, Rest

Baumwollnessel, 112 cm x 56 cm

Häkelspitze in Rot, 10 mm breit, 35 cm lang

Textilband mit Vichykaro in Hellgrün-Weiß, 25 mm breit, 50 cm lang

Applikationsfolie, Rest

Volumenvlies HH 650, doppelseitig aufbügelbar, Rest

unsichtbarer Reißverschluss, 60 cm lang

waschbares Füllmaterial

NAHTZUGABEN

1 cm Nahtzugabe ist in den Maßen für den Zuschnitt bereits enthalten.

Oberstoff 1	2x Kissenteil, 56 cm x 56 cm
Oberstoff 2	3x Geschenkband, 15 cm x 56 cm
	2x Geschenkband Schleife, 15 cm x 67 cm
Oberstoff 3	2x Etikett, 11,5 cm x 5 cm
Volumenvlies	1x Etikett, 10 cm x 4 cm
Baumwollnessel	2x Kissenteil, 56 cm x 56 cm

ANLEITUNG

1... Für die Kissenfüllung die Kissenteile aus Baumwollnessel rechts auf rechts stecken und steppen, dabei eine 20 cm breite Öffnung zum Wenden lassen. Die Öffnung mittig an einer Kante platzieren. Alle Ecken abnähen: Die Nähte an der Ecke aufeinanderfalten und mit 10 cm Abstand zur Spitze im rechten Winkel abnähen.

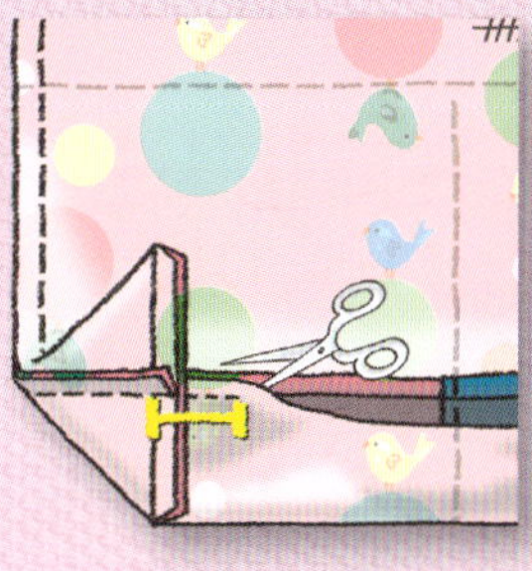

Die Ecken bis 1 cm Abstand zur Naht zurückschneiden, das Teil wenden und die Nähte bügeln. Die Kissenfüllung ausstopfen und die Öffnung von Hand oder mit der Maschine schließen.

2... Das Geschenkband anfertigen. Die Teile Geschenkband Schleife an den kurzen Kanten zusammensteppen. Dann alle Streifen entlang der Längskanten je 1 cm breit nach links umbügeln. Dann die Bruchkanten aufeinanderfalten, bügeln und alle Längskanten steppen.

3... 2 gleichlange Bänder über Kreuz mittig auf das untere Kissenteil jeweils von rechts knappkantig aufsteppen.

4... Das kürzere, noch übrige Geschenkbandteil mittig auf dem vorderen Kissenteil aufsteppen. Das Geschenkband Schleife quer zur Hälfte falten und die Bruchkante markieren. Parallel zur Bruchkante in 14 cm und 39 cm Abstand je eine Markierungslinie auf die beiden Bandenden einzeichnen. Das Band auffalten und an einem Ende die äußere Markierung absteppen, vom gegenüberliegenden Ende aus das Band bis zur 2 äußeren Markierung mit Füllwatte flach ausstopfen. Das Band an der Bruchkante wieder falten und entlang aller Markierungen absteppen.

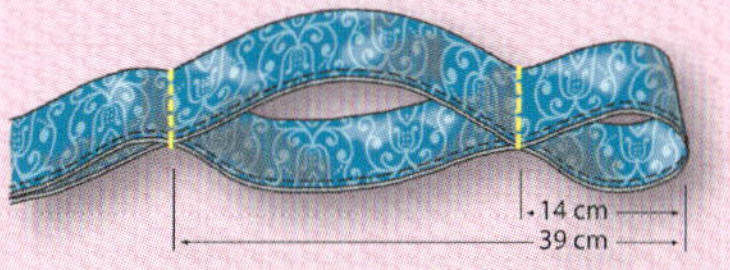

Die Bandenden auffalten und die Bruchkante mit beiden Stepplinien passgenau aufeinanderstecken, sodass eine Schleife entsteht. Dann entlang der markierten Bruchkante durch alle Lagen steppen.

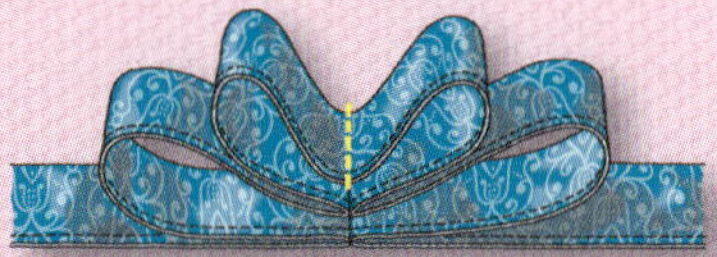

6 … Das Schleifenband im rechten Winkel zum bereits aufgesteppten Band mittig auf das obere Kissenteil stecken und knappkantig aufsteppen. Dabei beidseitig jeweils nur bis zur Bandkante nähen, sodass die Schleife frei bleibt.

7 … Vorderes und hinteres Kissenteil an allen Kanten versäubern, rechts auf rechts stecken und steppen, dabei eine Kante 30 cm breit mittig für den Reißverschluss offen lassen. Die Ecken wie bei der Kissenfüllung abnähen, den Stoff zurückschneiden und die Schnittkanten versäubern.

8 … Die offene Kante bis zur Nahtkante auftrennen, den Reißverschluss auf Kantenmaß + 1 cm Zugabe kürzen, verriegeln und einnähen.

9 … Die Kissenfüllung einlegen. Für das Etikett die Zuschnitte links auf links legen, das Volumenvlies dazwischen legen und alle Lagen aufeinanderbügeln. Die Applikationsfolie auf einen Rest von Oberstoff 1 bügeln und ein Vogelmotiv ausschneiden. Die Vogelapplikation mittig auf das Etikett bügeln und knappkantig absteppen. Die Kanten des Etiketts zusammen versäubern und die Häkelspitze von rechts aufsteppen, dabei die Enden einschlagen und mitfassen.

10 … Das Vichykaroband quer zur Hälfte legen und die Umbruchkante von links an eine kurze Kante vom Etikett annähen. Das Band um die Schleife legen und verknoten.

Maja mit praktischen Taschen

NAHTZUGABEN

1 cm Nahtzugabe ist in den Schnittteilen auf dem Bogen bereits enthalten.

HAUS	
Oberstoff 1	1x Schnittteil „vorderes Hausteil“
Oberstoff 2	1x Schnittteil „Dach“
	1x Schnittteil „hinteres Hausteil 1“
	1x Schnittteil „hinteres Hausteil 2“
Oberstoff 3	1x Schnittteil „Tasche“
	2x Schnittteil „Kamin“
Gewebe-einlage	1x Schnittteil „Tasche“
Volumen-vlies	2x Schnittteil „Kamin“
Baumwoll-nessel	2x Schnittteil „Haus“
VOGEL	
Oberstoff 5	2x Schnittteil „Vogel“, gegengleich
Oberstoff 6	2 x Schnittteil „Flügel“, gegengleich

ANLEITUNG

HAUS

1 ... Für die Kissenfüllung die Zuschnitte aus Baumwollnessel rechts auf rechts stecken und steppen, dabei eine 10 cm breite Öffnung zum Wenden lassen. Die Nahtzugaben zurückschneiden, das Teil wenden und die Nähte bügeln. Die Kissenfüllung ausstopfen und die Öffnung von Hand oder mit der Maschine schließen.

2 ... Für den Bezug den Zuschnitt aus Gewebeeinlage von links auf die Tasche bügeln, die Längskanten links auf links aufeinanderbügeln und von links die Zackenlitze in Rot entlang der Bruchkante feststeppen, sodass die Zacken von rechts sichtbar sind. Das Mini-Pomponband von rechts entlang der Umbruchkante aufsteppen. Die Tasche links auf rechts auf das vordere Hausteil entlang der unteren Kante stecken. Die Tasche in der Breite dritteln, Markierungslinien einzeichnen und entlang der Markierungen auf dem vorderen Hausteil aufsteppen. Die Applikationsfolie von links auf Oberstoff 4 bügeln und ein Vogelmotiv ausschneiden, auf der rechten Seite der Tasche platzieren und bügeln.

3 ... Entlang der oberen Kante vom vorderen Hausteil das Rüschenband aufsteppen, die Rüschen zeigen nach unten. Das Schnittteil Dach mit der unteren Kante rechts auf rechts über das Rüschenband stecken und steppen, die Naht bügeln, dabei die Nahtzugaben nach oben bügeln. Die Nahtzugaben zusammen versäubern und knappkantig absteppen. Die Applikationsfolie von links auf Oberstoff 4 bügeln und ein Vogelmotiv mit Kreis ausschneiden, auf dem Dach platzieren, aufbügeln und absteppen.

3 ... Den Zuschnitt aus Volumenvlies von links auf den Kamin bügeln. Die Schnittteile Kamin rechts auf rechts stecken und bis auf die untere Kante steppen, die Nahtzugaben zurückschneiden, wenden und die Nähte bügeln. Den Kamin mit der offenen Kante an den Markierungen am Dach feststecken, sodass der Kamin nach innen zeigt.

5 ... Für den Hotelverschluss die hinteren Hausteile an den geraden Längskanten 2x 1,5 cm breit nach links umbügeln und knappkantig absteppen. Die hinteren Kissenteile an den gesäumten Kanten links auf rechts 9 cm breit übereinanderlegen und an den Überlappungen stecken.

6 ... Hintere und vordere Kissenteile rechts auf rechts stecken und steppen, die Nahtzugaben versäubern, das Teil wenden und die Nähte bügeln.

7 ... Den Knopf und eine Schleife aus Vichykaroband auf die Dachapplikation aufnähen, die Kissenfüllung einlegen.

VOGEL

1 ... Die Applikationsfolie von links auf die Schnittteile Flügel aufbügeln, die Teile von rechts auf die Teile Vogel bügeln und knappkantig aufsteppen.

2 ... Die Schnittteile Vogel rechts auf rechts stecken und füßchenbreit steppen, dabei eine 6 cm breite Öffnung zum Wenden lassen. Die Nahtzugaben zurückschneiden, das Teil wenden und die Naht bügeln.

3 ... Den Vogel mit Füllwatte ausstopfen und die Öffnung von Hand schließen, den Knopf als Auge platzieren und von Hand annähen.

SCHWIERIGKEITSGRAD 2

GRÖSSE
52 cm x 42 cm

MATERIAL
Kissenfüllung: Baumwollnessel, 120 cm x 60 cm

Oberstoff 1: Baumwollstoff in Pink bedruckt, 114 cm x 35 cm

Oberstoff 2: Baumwollstoff in Rosa mit Kreisen, 114 cm x 75 cm

Oberstoff 3: Baumwollstoff in Rosa-Lila gestreift, 114 cm x 35 cm

Oberstoff 4: Baumwollstoff mit Vogeldruck, Rest

Oberstoff 5: Baumwollstoff in Hellgrün gemustert, 114 cm x 20 cm

Oberstoff 6: Baumwollstoff in Hellgrün-Blau getupft, Rest

Baumwollnessel, 120 cm x 60 cm

Rüschenband in Hellgrün, 20 mm breit, 45 cm lang

Zackenlitze in Rot, 15 mm breit, 45 cm lang

Mini-Pomponband in Hellgrün, 45 cm lang

Textilband mit Vichykaro in Hellgrün-Weiß, 10 mm breit, Rest

Knopf „Vogelhaus" in Grün, ø 18 mm

Knopf in Gün-Blau, ø 10 mm

Applikationsfolie, Rest

Gewebeeinlage G 700, 35 cm

Volumenvlies H 630, Rest

waschbares Füllmaterial

SCHNITTMUSTERBOGEN A+B

Luca Spielgefährte

NAHTZUGABEN

1 cm Nahtzugabe ist in Schnittteil A auf dem Bogen bereits enthalten, die Schnittteile B-D werden ohne Nahtzugabe zugeschnitten und appliziert.

Hinweis Die Schnittteile A und B jeweils gegengleich zuschneiden!

Oberstoff 1	1x Schnittteil „Auto A"
Oberstoff 2	1x Schnittteil „Auto B"
Oberstoff 3	2x Schnittteil „Fenster C", gegengleich
	2x Schnittteil „Rad E"
Oberstoff 4	2x Schnittteil „Rad D"
Oberstoff 5	1x Schnittteil „Auto A"
Oberstoff 6	1x Schnittteil „Auto B"
Oberstoff 7	2x Schnittteil „Fenster C", gegengleich
	2x Schnittteil „Rad E"
Oberstoff 8	2x Schnittteil „Rad D"

ANLEITUNG

1 ... Auf die Schnittteile B-D von links Applikationsfolie aufbügeln. Die Teile auf die Schnittteile Auto A aufbügeln und die Bänder und Litzen feststecken.

2 ... Die Applikationen und die Bänder knappkantig aufsteppen.

3 ... Die Schnittteile Auto A rechts auf rechts stecken und steppen, an der geraden Kante eine 10 cm lange Öffnung zum Wenden lassen. Die Nahtzugaben zurückschneiden, das Teil wenden und die Nähte bügeln. Die Knöpfe annähen.

4 ... Das Kissen mit Füllmaterial ausstopfen und die Öffnung von Hand schließen.

SCHWIERIGKEITSGRAD 2

GRÖSSE
28 cm x 51 cm

MATERIAL
VORDERES KISSENTEIL

Oberstoff 1: Baumwollstoff in Türkis geblümt, 114 cm x 30 cm

Oberstoff 2: Baumwollstoff in Türkis gemustert, 114 cm x 30 cm

Oberstoff 3: Baumwollstoff in Rosa mit Kreisen, 114 cm x 10 cm

Oberstoff 4: Baumwollstoff in Hellgrün bedruckt, 114 cm x 10 cm

Oberstoff 5: Baumwollstoff in Hellgrün geblümt, 114 cm x 30 cm

Oberstoff 6: Baumwollstoff in Pink gemustert, 114 cm x 30 cm

Oberstoff 7: Baumwollstoff in Grün Pepita, 114 cm x 10 cm

Oberstoff 8: Baumwollstoff in Hellblau Ornament, 114 cm x 10 cm

Satinband in Hellgrün getupft, 10 mm breit, 25 cm lang

Zackenlitze in Rosé, 8 mm breit, 70 cm lang

Satinband in Türkis getupft, 10 mm breit, 25 cm lang

Zackenlitze in Hellgrün, 8 mm breit, 70 cm lang

Rüschenband mit Vichykaro in Hellgrün-Weiß, 20 mm breit, 60 cm lang

2 Knöpfe in Pink, ø 15 mm

2 Knöpfe in Türkis, ø 15 mm

Applikationsfolie, 20 cm

waschbares Füllmaterial

SCHNITTMUSTERBOGEN B

Lennard auf Tour

SCHWIERIGKEITSGRAD 2

GRÖSSE
Lokomotive 39 cm x 42 cm
Anhänger 26 cm x 27 cm

MATERIAL

Oberstoff 1: Baumwollstoff in Grün-Rosa mit „Rädern", 114 cm x 45 cm

Oberstoff 2: Baumwollstoff in Grün-Beige Pepita, 114 cm x 20 cm

Oberstoff 3: Baumwollstoff in Rosa-Pink gemustert, Rest

Oberstoff 4: Baumwollstoff in Grün-Rosa gemustert, 114 cm x 30 cm

Oberstoff 5: Baumwollstoff in Gelb gemustert, 114 cm x 30 cm

Samtband in Grün, 5 mm breit, 80 cm lang

Zackenlitze in Oliv, 3 mm breit, 1,40 m lang

Zackenlitze in Hellgrün, 8 mm breit, 1,80 m lang

Textilband in Hellgrün-Weiß gestreift, 15 mm breit, 1,20 m lang

Applikationsfolie, 30 cm

waschbares Füllmaterial

SCHNITTMUSTERBOGEN B

NAHTZUGABEN

1 cm Nahtzugabe ist in den Maßen für den Zuschnitt und den Schnittteilen A, F und G auf dem Bogen bereits enthalten, die anderen Schnittteile werden ohne Nahtzugabe zugeschnitten und appliziert.

ANLEITUNG

LOKOMOTIVE

1 ... Auf die Schnittteile B-E und I von links Applikationsfolie aufbügeln. Die Teile auf das Schnittteil Lokomotive A aufbügeln, die Bänder und Litzen feststecken alles knappkantig aufsteppen. Die Zackenlitze in Grün entlang der Markierung aufsteppen, das Samtband darüber steppen.

2 ... Für die Bindebänder das Textilband halbieren, die Teile in der Mitte falten. Die Bruchkanten auf die Markierungen am Schnittteil A stecken, die Enden zeigen nach innen.

3 ... Die Lokomotiventeile rechts auf rechts stecken und steppen, dabei die Bindebänder mit fassen und an der geraden Kante eine 10 cm lange Öffnung zum Wenden lassen. Die Nahtzugaben zurückschneiden, das Teil wenden und die Nähte bügeln.

4 ... Das Kissen ausstopfen und die Öffnung von Hand schließen.

ANHÄNGER

1 ... Auf die Schnittteile H und I von links Applikationsfolie aufbügeln. Die Teile auf das Schnittteil Tasche G aufbügeln, die Zackenlitze in Grün feststecken alles knappkantig aufsteppen.

2 ... Die Taschenteile rechts auf rechts stecken und die obere Kante steppen. Die Teile links auf links legen, die Naht bügeln. Die Zackenlitze in Grün entlang der Naht aufsteppen, das Samtband darüber steppen.

3 ... Die Tasche entlang der unteren Kante passgenau auf das Schnittteil F stecken und mittig senkrecht zur oberen Kante feststeppen.

4 ... Die Streifen für die Schlaufen jeweils der Länge nach links auf links falzen und bügeln, auffalten und die Längskanten beidseitig zur Mitte bügeln. Die Bruchkanten aufeinanderbügeln und knappkantig absteppen. Die Streifen quer zur Hälfte falten und auf die Markierungen am Anhänger stecken, die Schlaufen zeigen nach innen.

5 ... Die Anhängerteile rechts auf rechts stecken und steppen, dabei die Schlaufen mit fassen und an der geraden Kante eine 10 cm lange Öffnung zum Wenden lassen. Die Nahtzugaben zurückschneiden, das Teil wenden und die Nähte bügeln. Das Kissen ausstopfen und die Öffnung von Hand schließen.

6 ... Die Binderbänder der Lokomotive durch die Schlaufen fädeln und zur Schleife binden.

LOKOMOTIVE	
Oberstoff 1	2x Schnittteil „Lokomotive A", gegengleich
	3x „Innenteil Rad I" (aus Musterrapport zuschneiden)
Oberstoff 2	1x Schnittteil „Kamin C"
	2x Schnittteil „kleines Rad E"
	1x Schnittteil „großes Rad D"
Oberstoff 3	1x Schnittteil „Fenster B"
ANHÄNGER	
Oberstoff 1	2x „Innenteil Rad I" (aus Musterrapport zuschneiden)
Oberstoff 3	2x Schnittteil „Rad Anhänger H"
Oberstoff 4	1x Schnittteil „Anhänger F"
	2x Schnittteil „Tasche G"
Oberstoff 5	1x Schnittteil „Anhänger F"
	2x Schlaufen J, 3,5 cm x 8 cm

Allgemeine Anleitung

Damit Sie nun gleich mit dem Nähen beginnen können, finden Sie auf den folgenden Seiten wichtige Grundlagen und zahlreiche Tipps, die Ihnen zu Ihren neuen Kissen verhelfen. Welche Utensilien Sie benötigen, wie man Stoffe durch Einlagen verstärkt oder Reißverschlüsse einnäht – all das wird Ihnen hier Schritt für Schritt erklärt.

Jetzt steht dem ersten selbstgenähten Kissen nichts mehr im Weg! Welches wird wohl den Platz auf Ihrem Sofa einnehmen und welches findet sich im Garten wieder?

Nützliche Utensilien

Nadeleinfädler Zum Einfädeln des Fadens bei Maschinen- und Handnähnadeln ist ein Nadeleinfädler hilfreich. Einfach die Drahtschlinge durch das Öhr schieben, Faden durch die Schlinge fädeln und den Einfädler durch das Öhr zurück ziehen.

Durchziehnadel, Sicherheitsnadel Dienen zum Einziehen von Gummiband oder Kordeln. Die abgerundete Spitze der Durchziehnadel eignet sich auch zum Ausformen genähter Ecken.

Ecken- und Kantenformer Zum Ausformen von verstürzten Ecken verwendet man das spitze Ende, für Rundungen und Nahtränder das abgerundete Ende.

Nadelkissen Ein Nadelkissen dient zur stets griffbereiten Aufbewahrung von Nadeln. Ein Magnet-Nadelkissen hat den Vorteil, dass auch andere metallische Gegenstände wie Nahttrenner, Sicherheitsnadeln und kleine Scheren haften bleiben. Es sollte jedoch nicht in direkter Nähe einer computergesteuerten Nähmaschine liegen.

Rollschneider Mit dem Rollschneider, der in verschiedenen Größen erhältlich ist, werden Stoffe schnell und exakt zugeschnitten – sehr praktisch für Streifen und geometrische Formen. Um die Tischplatte zu schützen eine spezielle Schneidematte unterlegen.

Wende-Set/Wendenadel Eine Wendenadel erleichtert das Verstürzen von schmalen Stoffstreifen wie Gürteln, Taschenhenkeln oder Trägern.

Fingerhut Beim Nähen mit der Hand schützt ein Fingerhut den Mittelfinger, z. B. wenn eine Nähnadel mit viel Kraft durch dicken Stoff geschoben werden muss. Fingerhüte gibt es in verschiedenen Größen. Offene Hüte, so genannte Fingerringe, sind luftdurchlässig und daher oft angenehmer.

Textilkleber Aqua-Fixiermarker und Textil-Klebestift ermöglichen das Fixieren von Stoffen, Borten, Applikationen, Reißverschlüssen u. ä. ohne Nadel und Faden. Beim Fixiermarker ist der Kleberauftrag durch gelbe Farbe sichtbar, die beim Trocknen verschwindet. Beide Kleber sind auswaschbar und hinterlassen keine Rückstände.

Verschlüsse

Die Verschlüsse für eine Näharbeit sollten mit viel Sorgfalt ausgewählt werden. Sie können unauffällig Ton-in-Ton nur zum Schließen dienen oder in einer Kontrastfarbe dekorative Akzente setzen. Häufig erhalten selbstgenähte Modelle durch außergewöhnliche Accessoires den letzten Schliff.

Reißverschlüsse gibt es in verschiedenen Längen, Farben und Stärken. Sie sind mit einer Kunststoffspirale oder mit Metall- oder Kunststoffzähnchen versehen. Das Band besteht aus Baumwolle, Baumwollgemisch oder Polyester und sollte der Stoffstärke sowie den Pflegeeigenschaften des Nähobjekts angepasst sein. Teilbare und Zweiwege-Reißverschlüsse werden eingesetzt, wenn eine durchgehende Öffnung, wie z. B. an Jacken, notwendig ist, nicht teilbare z. B. an Kissen oder Taschen. Bei nahtverdeckten Reißverschlüssen ist die Einsteppnaht von der rechten Stoffseite nicht sichtbar. Sie sind eine elegante Möglichkeit um Schlitze unauffällig zu schließen.

Knöpfe sollten für den Verwendungszweck praktisch sein und ebenfalls den Pflegeeigenschaften des Stoffes entsprechen. Es gibt Stegknöpfe mit kleiner Öse auf der Rückseite und Durchnähknöpfe mit zwei oder vier Löchern. Auch Druckknöpfe gibt es zum Annähen, wahlweise aus Metall oder Kunststoff.

Nähfreie Verschlüsse sind Druckknöpfe, Ösen und Nieten. Wenn solche Verschlüsse öfter verarbeitet werden, lohnt sich die Anschaffung einer Vario-Zange. Magnetverschlüsse eignen sich bestens für Handtaschen, Beutel und Rucksäcke. Die Stoffrückseite vor Anbringen des Verschlusses mit Fixier-Stickvlies oder Bügeleinlage verstärken, damit er später nicht durch häufiges Öffnen einreißt.

Klettband gibt es in verschiedenen Farben und Breiten, selbstklebend oder zum Annähen. Dieser Verschluss besteht aus einem Flausch- und einem Häkchenstreifen, die beim Zusammendrücken aneinander haften bleiben.

Metallhaken und passende Metallösen können so angenäht werden, dass sie von der rechten Seite nicht sichtbar sind.

Tipp Originell für alle Heimtextilien: Wäscheknöpfe aus Leinen können je nach Farbwunsch individuell eingefärbt werden. Mit Stoffmalstiften lassen sich auch kleine Muster flink in den gewünschten Farbtönen aufmalen.

Tipp Sammeln und recyceln Sie Knöpfe, das macht Spaß und spart Geld. Bevor alte Kleidungsstücke aussortiert werden, einfach alle Knöpfe abtrennen. Zur besseren Übersicht gleiche Knöpfe immer auf einen Faden fädeln und in einer Dose oder Schachtel aufbewahren.

Bänder und Borten

Wer funktionales Nähen mit Kreativität verbinden möchte, findet im Bänder- und Bortenangebot eine inspirierende Vielfalt. So eignen sich Zackenlitzen, Pomponborten, Schrägband und Spitze sowohl zum Annähen an Stoffkanten als auch zum dekorativen Aufnähen. Paspeln werden zur Kantenverzierung, z. B. bei Kissen, zwischen den Stofflagen mit eingenäht.

bedrucktes Dekoband
Samtband
breite Zackenlitze
Klöppelspitze
Webband
Paspelband
gefalztes Schrägband
schmale Zackenlitze
Klöppelspitze
Webband
gefalztes Schrägband
Blümchenborte
Pomponborte

Tipp Stöbern Sie in Ihren Schränken, Schubladen und auf dem Dachboden – es gibt so vieles, was zum Verarbeiten beim Nähen bestens geeignet ist. Ausgediente Geschirr- und Wachstücher, Kleidungsstücke, Vorhänge, Taschentücher aus Baumwolle oder bunte Plastiktüten lassen sich zu Neuem verarbeiten. Säume oder andere Details können Sie eventuell sogar unverändert lassen und in Ihr Nähmodell kreativ einarbeiten.

Stoffverbrauch

In Nähanleitungen findet sich gewöhnlich eine Stoffempfehlung mit Angabe der benötigten Menge. Diese Mengenangabe hängt jedoch von der Stoffbreite ab. Hat der gewählte Stoff eine andere Breite, können die Schnittteile vor dem Kauf z. B. auf einer zur entsprechenden Breite zusammengefalteten Tischdecke probeweise ausgelegt und so der Stoffbedarf ausgemessen werden. Bei einigen Stoffen, z. B. solchen mit Strichrichtung, ungleichmäßigen Karos oder Streifen, müssen beim Auflegen der Schnittteile alle eingezeichneten Fadenlauf-Pfeile in die gleiche Richtung zeigen, wodurch sich der Stoffverbrauch je nach Modellgröße erhöhen kann. Folgende Besonderheiten sind zu beachten:

STOFFE MIT STRICHRICHTUNG

Materialien wie Frottier, Samt, Fleece, Velours, Nicki und Cord besitzen auf der Oberfläche kleine Schlingen oder Härchen. Dieser so genannte Flor ist beim Darüberstreichen mit der Hand zu spüren. Sträuben sich die Härchen, so streicht man gegen den Strich. Fährt man mit dem Strich über den Stoff, so liegen alle Schlingen oder Härchen in eine Richtung und die Oberfläche fühlt sich glatt an. Beim Zuschnitt müssen alle Teile in einer Richtung aufgelegt werden, so dass die Strichrichtung identisch ist, sonst erscheinen sie später je nach Lichteinfall unterschiedlich schattiert. Die Stoffteile sollten außerdem möglichst in Strichrichtung gesteppt werden.

STOFFE MIT MUSTERRICHTUNG

Einige Stoffe zeigen Motive, wie z. B. Blumen, Tiere oder Ornamente, die alle in die gleiche Richtung ausgerichtet sind. Auch hier müssen die Schnittteile alle in einer Richtung auf den Stoff gelegt werden, sonst stehen einige Motive später am fertigen Modell auf dem Kopf.

KARIERTE STOFFE

Bei gleichmäßigen Karos (im Bild unten) erlaubt das symmetrische Muster das Auflegen der Schnittteile in beide Richtungen. Bei ungleich mäßigen Karos (im Bild oben) treffen aber nicht alle längs verlaufenden Streifen aufeinander, daher die Schnittteile nur in einer Richtung auf legen. Bei zwei oder mehreren Stoffteilen, wie z. B. Vorhängen, muss sichergestellt werden, dass die Muster an den Saumkanten übereinstimmen. Beim Falten von Stoffen mit Karomustern darauf achten, dass die quer- und längs verlaufenden Streifen an den Nähten exakt und deckungsgleich aufeinander treffen.

GESTREIFTE STOFFE

Für gestreifte Stoffe gilt im Prinzip dasselbe wie für Karos. Haben die Stoffe ein asymmetrisches Streifenmuster (im Bild oben), können die Schnittteile nur in einer Richtung aufgelegt werden, bei gleichmäßigen Streifen (im Bild unten) in beide Richtungen. Jedoch darauf achten, dass die Streifen bei allen Teilen übereinstimmend horizontal oder vertikal verlaufen.

Tipp Nähmaschinen mit einem eingebauten doppelten Stofftransport führen den Stoff gleichzeitig von oben und unten. Beim Nähen von Streifen- und Karostoffen sollte auch der Obertransport eingeschaltet sein, denn er verhindert das Verschieben der Stoffe. So passt das Muster an der Naht später exakt zusammen.

Einlagen

Tipp *Als Näheinsteiger sollten Sie für Ihre ersten Modelle besser einfarbige Stoffe oder unkomplizierte Muster wählen, bei denen man die Schnittteile in beide Richtungen auflegen kann. So fällt der Zuschnitt leichter. Außerdem können Sie sich beim Nähen ganz auf die Technik konzentrieren und müssen keine exakten Musteranschlüsse beachten.*

STOFF VORWASCHEN

Bevor Stoff verarbeitet bzw. zugeschnitten wird, sollte er je nach Pflegeempfehlung gewaschen und gebügelt werden. Vor allem Baumwolle und Leinen können beim Waschen etwas einlaufen. Nicht waschbare Stoffe und Baumwollreißverschlüsse mit dem Dampfbügeleisen oder unter einem feuchten Tuch überbügeln. Auch Bänder entsprechend vorbehandeln. Für reine Dekorationsobjekte, die später nicht gewaschen werden, ist das Vorbehandeln der Materialien nicht erforderlich.

Einlagen verwendet man, um Nähmodellen an bestimmten Stellen Festigkeit und Formbeständigkeit zu verleihen. Es gibt Vlieseinlagen und gewebte Stoffeinlagen zum Aufbügeln oder Einnähen, bekannt unter dem Markennamen Vlieseline. Bei der Wahl einer geeigneten Einlage müssen Qualität sowie Bügel- und Pflegeeigenschaften des Stoffes berücksichtigt werden. Besonders beliebt sind Bügeleinlagen, da sie leicht zu verarbeiten sind und das Ausfransen der Stoffkanten vermindern.
Das angebotene Sortiment an Einlagen ist sehr vielfältig. In der folgenden Aufstellung finden sich Informationen zu einigen gängigen Einlagen und ihren Bezeichnungen.

Tipp *Wenn Sie dehnbaren oder feinen Stoff nur während des Nähens verstärken wollen, können Sie dafür wasserlösliches Vlies verwenden. Es eignet sich auch fürs Maschinensticken: Einfach das Vlies mit dem aufgezeichneten Muster auf den Stoff bügeln, Motiv aufsticken und anschließend das Vlies mit kaltem Wasser auflösen.*

Verstärken mit Vlieseline

BÜGELEINLAGE

H 180 Dünnes Vlies aus Synthetikfasern für sehr feine Stoffe, die sich beim Zuschneiden oder Nähen leicht verziehen.

H 250 Stabiles Vlies für leichte bis mittelschwere Stoffe, z. B. zum Verstärken von Gürteln.

S 320 Leichte und sehr feste Einlage für Deko- und Baumwollstoffe, auch Schabrackeneinlage genannt. Eignet sich z. B. für Stoffkörbchen, Taschen oder Bastelarbeiten.

NÄHEINLAGE

S 105 Feste, stabilisierende Einlage für Stoffe, die sich nur bedingt oder gar nicht für eine Bügeleinlage eignen wie z. B. Frottier und folienbedruckte Stoffe. Zweckmäßig z. B. für robuste Einkaufstaschen.

VOLUMENVLIES

H 630 Dickeres Bügelvlies für leichte bis mittelschwere Stoffe. Das synthetische Material verleiht z. B. Stepp- und Patchworkarbeiten einen wattierten Effekt sowie Taschen und Stoffbehältern eine gleichmäßige, feste Oberfläche.

FIXIER-STICKVLIES

Aufbügelbares Vlies zur Stabilisierung von Stickereien und Applikationen. Verhindert besonders bei dehnbaren Stoffen ein Verziehen während des Bestickens oder Nähens.

In Schnitten und Anleitungen ist meist vorgegeben, welche Schnittteile mit welcher Art von Einlage versehen werden sollen. Aufbügelbare Einlagen sind hierbei am einfachsten zu handhaben. Sie besitzen eine gekörnte Klebeseite, die sich durch Bügeln mit dem Stoff verbindet, so dass nichts mehr verrutschen kann. Eine Bügelempfehlung ist bei den Vlieseline-Einlagen auf dem Kantendruck zu finden. Zuerst sollte eine Probe auf einem entsprechenden Stoffrest gemacht werden, um die Haftung zu prüfen.

Tipp Schneiden Sie für kleine Stoffteile zuerst die Bügeleinlage dem Schnitt entsprechend mit großzügiger Nahtzugabe zu und bügeln Sie sie dann mit der gekörnten Klebeseite auf die linke Stoffseite. Anschließend den Papierschnitt wieder aufstecken und das Stoffteil mitsamt Vlieseline exakt ausschneiden.

VLIESELINE ZUSCHNEIDEN

Zum Zuschneiden der Vlieseline die entsprechenden Papierschnittteile auf die Vlieseline stecken, dabei wie beim Stoff den Fadenlauf berücksichtigen. Für halbe Schnittteile die Vlieseline doppelt legen und das Schnittteil im Bruch feststecken. Dann alle Teile mit Nahtzugaben ausschneiden, diese jedoch knapper bemessen als beim Stoff. Dadurch wird vermieden, dass die Einlage über den Stoff hinausragt und Bügelbrett oder Bügeleisen verklebt. Beim Auflegen von asymmetrischen Schnittteilen darauf achten, dass die gekörnte Klebeseite später auf die linke Stoffseite aufgebracht wird. Werden die Schnittteile auf die gekörnte Seite aufgelegt, müssen sie also umgedreht und spiegelverkehrt zugeschnitten werden.

VLIESELINE AUFBÜGELN

Den Vlieselinezuschnitt mit der gekörnten Seite auf die linke Stoffseite legen und nach den Bügelempfehlungen aufbügeln. Dabei laut Herstelleranweisung Schritt für Schritt oder langsam gleitend vorgehen und an jeder Stelle einige Sekunden leicht aufdrücken. Die verstärkten Stoffteile vor der Weiterverarbeitung etwa 20 Minuten abkühlen lassen.

Nahtzugaben beschneiden

NAHTZUGABEN ZURÜCKSCHNEIDEN

Vor allem bei sehr kleinen und schmalen Schnittteilen, z. B. bei Stofftierchen oder Püppchen, können die Nahtzugaben im gewendeten Zustand sehr auftragen und eine gute Ausformung verhindern. Daher kann es erforderlich sein, sie bis 3-4 mm vor der Nahtlinie abzuschneiden. Dabei aber immer genügend Zugabe lassen, um ein Auflösen der Naht zu vermeiden.

NAHTZUGABEN EINSCHNEIDEN

Bei Rundungen und Ecken die Nahtzugaben einschneiden bzw. einkerben, sie passen sich dadurch besser an die Form an. Dafür eine Schere mit scharfer Spitze verwenden und nie näher als ca. 2 mm an die Nahtlinie heran schneiden.

INNENRUNDUNGEN

Die Nahtzugaben im rechten Winkel zur Nahtlinie einschneiden. Je enger die Kurve, desto mehr Einschnitte sind erforderlich.

INNENECKEN

Einmal bis kurz vor die Nahtlinie einschneiden, um die Nahtzugaben einschlagen zu können.

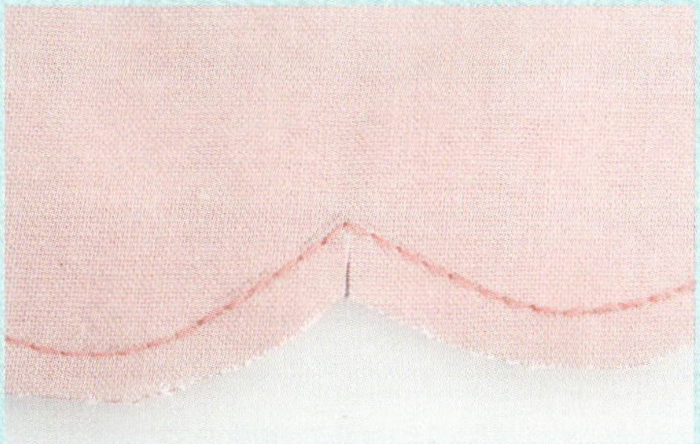

AUSSENRUNDUNGEN

Die Nahtzugaben einkerben. Effektiver als wenige große Kerben sind mehrere kleine.

AUSSENECKEN

Die Nahtzugaben schräg abschneiden, damit sie in den gewendeten Ecken nicht auftragen.

NAHT BÜGELN

Sind die Bügelempfehlungen für einen Stoff nicht bekannt, auf jeden Fall eine Probe auf einem Stoffrest machen. Die Nähte jeweils nach den einzelnen Arbeitsschritten von links bügeln, zuvor Markierfarben entfernen. Die Nahtzugaben zuerst zusammen flachbügeln, dann auseinanderbügeln. Verstürzte bzw. gewendete Stoffteile von rechts in Form bügeln, dabei darauf achten, dass die Nähte genau an den Kanten liegen. Für schmale oder röhrenförmig geschlossene Stoffteile ist ein Ärmelbrett unentbehrlich.

Säume nähen

Säume sind offene Kanten, die nach innen eingeschlagen und dann festgenäht werden. Ihre Verarbeitung hängt vor allem vom Material und der Schnittform, aber auch von der gewünschten Optik ab. Je nachdem, welcher Stich gewählt wird, ist die Naht auf der rechten Stoffseite sichtbar oder unsichtbar. Schmale Säume eignen sich für feine Stoffe, breite Säume für dickere und schwere Qualitäten. Zum Einhalten der exakten Saumzugabe beim Nähen ist der Einsatz eines Führungslineals oder eines magnetischen Kantenführers sehr hilfreich.

EINFACHER UND DOPPELTER SAUM

Einfache und doppelte Säume werden am häufigsten gearbeitet, weil sie stabil, schnell genäht und fast überall einsetzbar sind. Sie unterscheiden sich lediglich durch die Breite der eingeschlagenen Saumzugabe. Beim einfachen Saum ist die erste eingeschlagene Zugabe schmaler als der Saum selbst, bei einem doppelten Saum wird zweimal die gesamte Saumbreite eingeschlagen. Die Saumbreite kann dabei je nach gewünschter Optik und Verwendungszweck variieren.
Die Fotos zeigen einen einfachen Saum mit 2 cm fertiger Breite. Dafür zwei Linien im Abstand von 2 cm und 5 cm parallel zur Stoffkante einzeichnen.
Nun den Einschlag 1 cm breit nach links umbügeln, so dass die Kante an der ersten Linie anstößt. Dann die Saumzugabe 2 cm breit zur zweiten Linie hin umbügeln.
Den Saum mit Stecknadeln quer zur Nahtlinie feststecken und schmalkantig zur oberen Saumkante absteppen.

Für einen doppelten Saum mit 2 cm Breite sind zwei Linien im Abstand von 2 cm und 6 cm nötig. Im ersten Schritt wird der Einschlag 2 cm zur ersten Linie nach innen gebügelt, im zweiten Schritt noch einmal 2 cm zur zweiten Linie. Der Stoff liegt nun über die gesamte Saumbreite dreilagig.

OFFENKANTIGER SAUM

Dieser eignet sich für Stoffkanten, die nur geringen Belastungen ausgesetzt sind. Die Schnittkante zuerst mit Zickzackstich versäubern. Dann die Saumzugabe nach links umlegen und feststecken. Anschließend mit Geradstich absteppen.

ABGEKURBELTER SAUM

Mit Abkurbeln bezeichnet man das Nähen mit dicht eingestelltem Zickzackstich. Schnittkanten von sehr dünnen Stoffen sowie einfache Rüschen aus feinen Stoffen werden häufig abgekurbelt.

1... Die Saumzugabe nach links umbügeln. Dann von der rechten Stoffseite aus die Zugabe quer zur Kante feststecken und mit dicht eingestelltem Zickzackstich über den Stoffbruch nähen.

2... Auf der linken Seite die überstehende Stoffkante vorsichtig dicht neben den Stichen abschneiden.

Rüschen nähen

EINGEFASSTER SAUM

Beim Einfassen wird ein Band, z. B. fertig gefalztes Schrägband, um die Stoffkante gelegt und festgenäht.

1... Das Band auffalten, eine Längsseite mit der rechten Band- auf die linke Stoffseite bündig an die Schnittkante stecken, dann im Bügelfalz, also eine Viertel-Bandbreite von der Kante entfernt, feststeppen. Die Naht bügeln.

2... Das Band mit eingeschlagener Falzkante um die Stoffkante zur rechten Seite umlegen, so dass die erste Naht verdeckt ist, und knappkantig feststeppen. Bleiben die Bandenden sichtbar, werden sie vor dem Aufstecken des Bandes nach innen eingeschlagen und gebügelt.

SAUM MIT BAND

Farbige Paspelbänder, Zackenlitzen oder Spitzen geben jedem Saum das gewisse Etwas. Vor allem runde Kanten lassen sich schnell mit elastischen Bändern säumen.

1... Das gewünschte Band rechts auf rechts an der Schnittkante entlang feststecken oder anheften, dann mit Zickzack- oder Overlockstich annähen.

2... Nun das Band nach unten umklappen und die Naht bügeln. Auf der rechten Seite den Stoffrand so absteppen, dass dabei das Band fixiert wird. Zum Annähen von Paspeln den Reißverschlussfuß verwenden, er ermöglicht ein Steppen dicht entlang der Paspelkante.

Einen Hilfsfaden 1 cm vom Rand entfernt von Hand mit einer Nadel einziehen. Dabei die Stiche ca. 0,5 cm breit und ebenso weit voneinander entfernt nähen. Stoff auf die gewünschte Breite zusammenschieben und Anfang und Ende des Fadens mit Knoten oder doppelten Stichen sichern. Rüsche r-a-r auf das entsprechende Teil legen und mit Stecknadeln feststecken. Dabei darauf achten, dass die Falten gleichmäßig verteilt sind. Auf dem Hilfsfaden oder knapp daneben nähen. Anschließend den Hilfsfaden herausziehen, wenn er auf der Vorderseite des Modells sichtbar ist. Das Einkräuseln von Stoffstreifen für Rüschen können Sie auch mit der Nähmaschine durchführen. Dafür die Fadenspannung von Ober- und Unterfaden lockern, die Naht wie oben beschrieben nähen und durch Ziehen am Unterfaden einkräuseln.

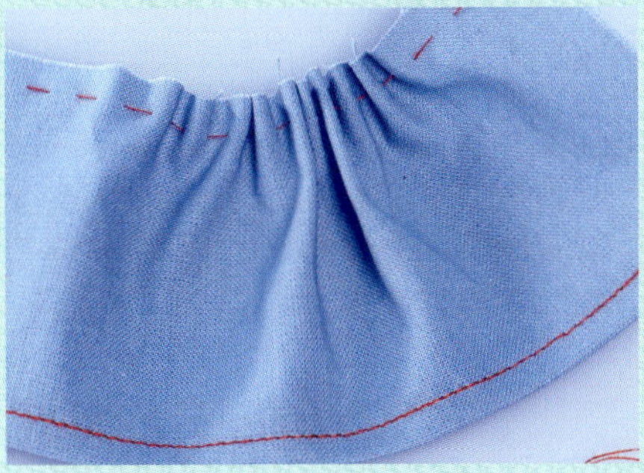

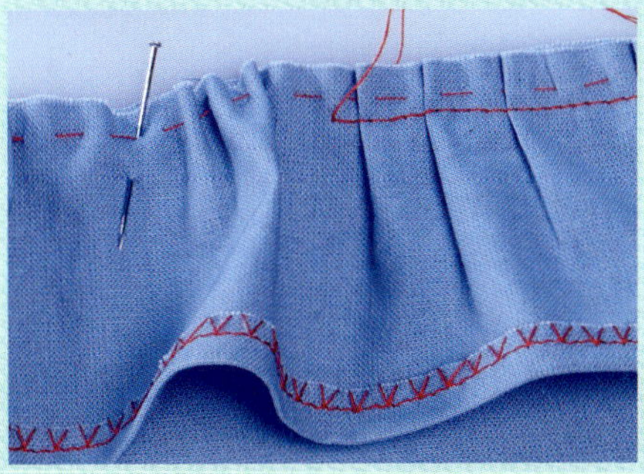

Maschinenknopfloch

Ein Knopfloch sollte etwa 2 mm länger sein als der Durchmesser des Knopfes. Es besteht aus zwei Längsnähten in Raupenstichen, das sind sehr enge Zickzackstiche, und zwei Querriegeln an den Enden. Die Stichlänge für die Riegel ist immer doppelt so lang wie für die Raupen. Eventuell muss die Oberfadenspannung etwas verringert werden.

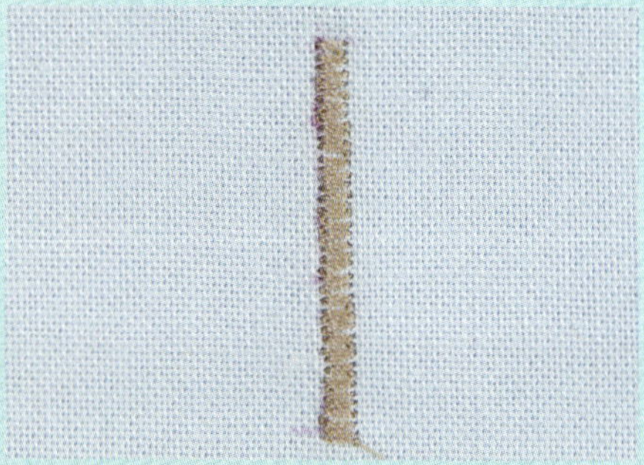

1 ... Länge und Lage des Knopfloches auf die rechte Stoffseite zeichnen. Einen 2-3 mm breiten, dichten Zickzackstich einstellen. Per Handrad die Maschinennadel in die linke Position bringen und links, am Beginn der ersten Längsraupe, in den Stoff führen. Nun die erste Raupe in der entsprechenden Länge nähen. Am Ende der Raupe die Nadel rechts im Stoff belassen.

2 ... Den Nähfuß anheben, den Stoff um 90° drehen und den Nähfuß wieder senken. Die Nadel in die obere Position bringen, die Stichbreite verdoppeln und für den Querriegel 4-6 Stiche nähen. Links stoppen und die Nadel im Stoff belassen.

3 ... Den Stoff nochmals um 90° drehen, die Nadel in die obere Position bringen und die Stichbreite erneut auf 2-3 mm einstellen. Die zweite Längsraupe dicht neben der ersten nähen, dabei aber darauf achten, dass sich die Stiche der beiden Raupen nicht überschneiden. Am Ende links stoppen und die Nadel im Stoff belassen.

4 ... Den Stoff erneut drehen und die Nadel anheben. Wieder die doppelte Stichbreite einstellen und den zweiten Querriegel nähen. Die Stichbreite auf 0 stellen und zum Sichern von Anfangs- und Endfaden einige Stiche auf der Stelle nähen. Alle Fäden auf die linke Seite ziehen und vernähen.

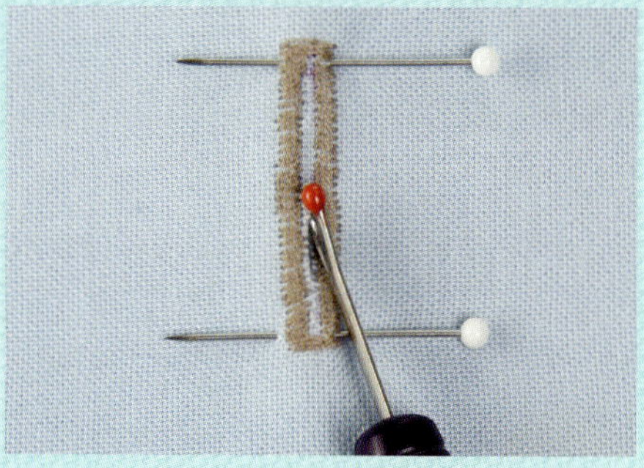

5 ... Innerhalb des Knopfloches vor die Riegel zum Schutz je eine Stecknadel stecken und das Knopfloch mit einer spitzen, kleinen Schere oder dem Nahttrenner aufschneiden. Die Stecknadeln entfernen.

Unsichtbarer Reißverschluss

Der unsichtbare Reißverschluss wird überwiegend bei Röcken, Damenhosen und Kleidern eingesetzt, wenn ein sichtbarer Reißverschluss unerwünscht ist, sowie bei Florstoffen wie Samt, wenn die Stepplinien stören würden. Zum Einnähen ist ein besonderer, nahtfeiner Reißverschluss erforderlich, bei dem die Spirale auf der Rückseite liegt, sowie ein Spezial-Reißverschlussfuß, der als Sonderzubehör erhältlich ist. Der Reißverschluss sollte ca. 2 cm länger als der vorgesehene Schlitz sein. Die Naht, die die Stoffteile verbindet, wird erst nach dem Einsetzen des Reißverschlusses geschlossen, um ein Wellen am unteren Schlitzende zu vermeiden.

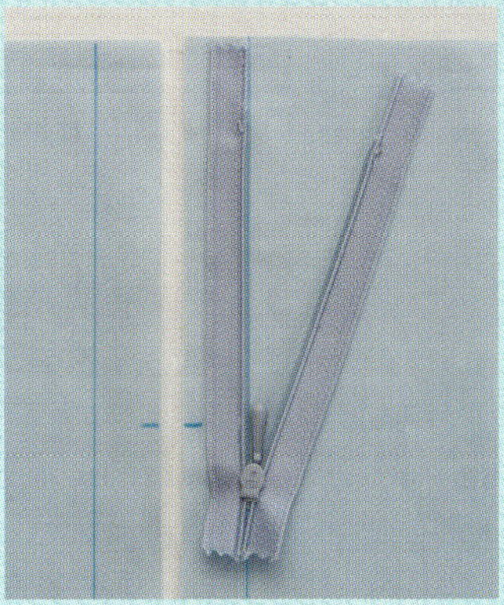

1… Bei beiden Stoffteilen die Mittellinien sowie das Schlitzende auf der rechten Stoffseite markieren. Den Reißverschluss öffnen und eine Bandhälfte rechts auf rechts so auf die Nahtzugabe heften, dass die Spirale genau auf der Mittellinie liegt, dabei das untere Reißverschlussende 2 cm überstehen lassen. Den Spezialfuß so einsetzen, dass die Kerbe an der Fußunterseite über die Spirale gleiten und die Nadel ganz knapp neben der Spirale einstechen kann. Den Reißverschluss von oben nach unten bis zum markierten Schlitzende feststeppen.

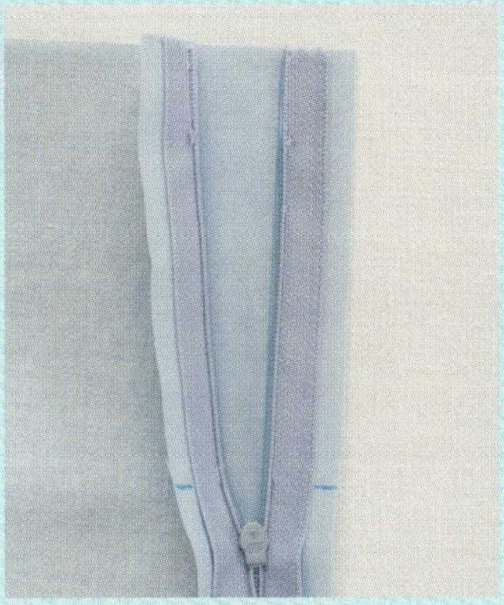

2… Danach die andere Reißverschlusshälfte beim zweiten Stoffteil genauso einnähen.

3… Den Reißverschluss schließen. Die Naht unterhalb des Reißverschlusses steppen, dazu den normalen Reißverschlussfuß einsetzen. Vom Reißverschlussende nach unten nähen, dabei das Bandende vorsichtig zur Seite ziehen, damit sich das erste Stück besser nähen lässt. Zwischen Reißverschluss-Einsteppnaht und Mittelnaht bleibt eine kleine Lücke von ca. 3 mm offen.

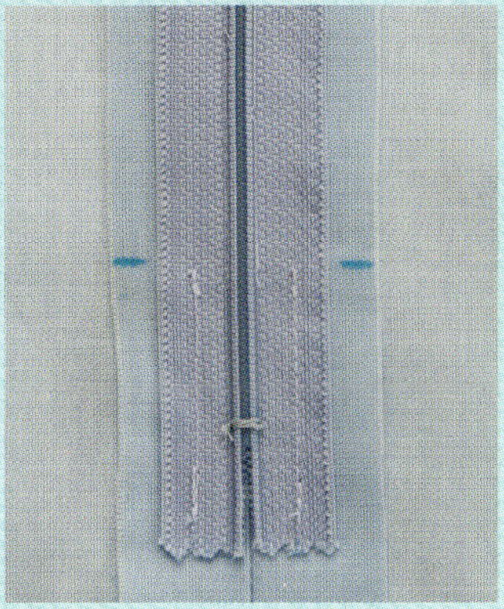

4… Zuletzt die Bandenden in Längsmitte auf den Nahtzugaben feststeppen, damit sie flach liegen, den Oberstoff dabei nicht mitfassen.

5… So sieht der Reißverschluss von rechts aus.

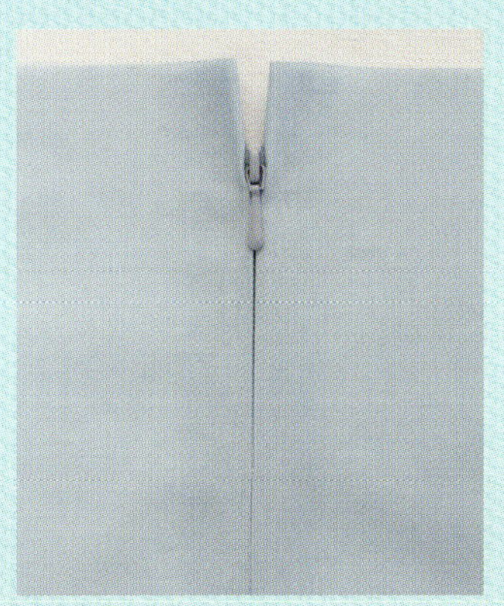

Applizieren

Applikationen sind fertig gekaufte oder selbst gemachte Stoffmotive, die mit der Maschine oder von Hand, z. B. mit Langettenstichen, auf Näharbeiten aufgenäht werden. Sie eignen sich hervorragend zur Dekoration oder zum hübschen Kaschieren defekter Stellen. Besonders schnell und einfach geht das Applizieren mit Vliesofix-Haftvlies, das zwei Stoffe durch Bügeln miteinander verbindet. So können ein Verrutschen des Motivs beim Aufnähen sowie Faltenbildung verhindert werden. Das Motiv kann zuvor auf die spezielle Papierbeschichtung des Haftvlieses übertragen werden. Es ist empfehlenswert, beim Bügeln ein dünnes Tuch oder Backpapier zwischen Vliesofix und Bügeleisen zu legen, damit nichts am Eisen haften bleibt.

1… Das Muster auf die Vliesofix-Papierseite legen und, falls nicht anders angegeben, mit Bleistift oder Kugelschreiber ohne Nahtzugabe übertragen. Bei asymmetrischen Motiven, wie z. B. bestimmten Buchstaben und Zahlen, darauf achten, dass sie spiegelverkehrt aufgezeichnet werden, damit sie später richtig erscheinen. Das Motiv großzügig ausschneiden und mit der rauen Klebeseite auf die linke Seite des Applikationsstoffes legen. Dabei den Fadenlauf beachten. Nun das Motiv mit mittlerer Temperatur ca. 5 Sekunden trocken aufbügeln und abkühlen lassen.

2… Dann das Motiv exakt entlang der Außenkonturen ausschneiden und die Papierschicht vom Vliesofix abziehen.

3… Nun das Motiv umdrehen und mit der beschichteten Fläche nach unten auf den gewünschten Stoffuntergrund legen. Bei niedriger bis mittlerer Temperatur und mit Dampf ca. 10 Sekunden aufbügeln. Das Bügeleisen dabei nicht schieben, sondern immer wieder abheben und schrittweise aufdrücken.

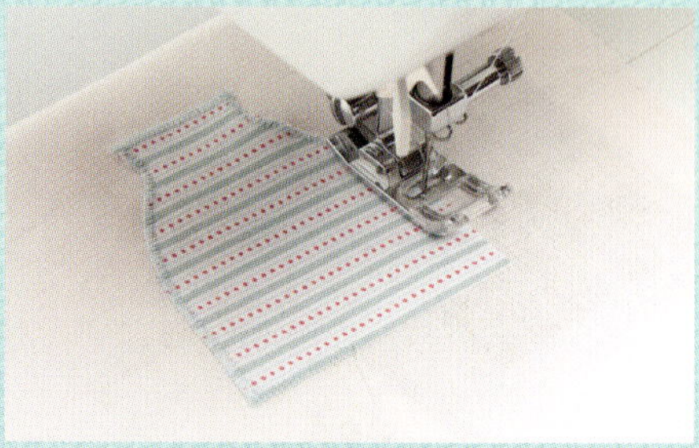

4… Das Motiv entlang der Schnittkanten mit einem kleinen und eng eingestellten Zickzackstich aufnähen und darauf achten, dass die Kanten gleichmäßig schön umschlossen und überdeckt werden. Zum Sichern der Naht keine Rückstiche nähen, sondern den Oberfaden auf die Rückseite ziehen und mit dem Unterfaden verknoten.

Ecken abnähen

Um Ecken abzunähen, wird die seitliche Stoffkante auf die untere Naht gelegt. Das entstandene Dreieck abnähen, abschneiden und versäubern.

Ecken mit Schrägband einfassen

Einfassungen von geraden Kanten und Ecken ergeben sich manchmal an flachen Nähteilen, wie z. B. Decken, Topflappen, Tischsets und Wandbehängen. Eine Ecke mit Schrägband kann auch anstelle einer Briefecke genäht werden.

1 … Vorgefalztes Schrägband auffalten, rechts auf rechts kantenbündig auf die Vorderseite legen und bis zur Ecke feststecken, dabei an einer Seitenmitte beginnen und die ersten 2 cm nicht festnähen. Nun den Schrägstreifen füßchenbreit (7,5 mm) festnähen, jedoch eine Füßchenbreite vor der Ecke stoppen und die Naht verriegeln.

2 … Teil um 90° nach links drehen, den Schrägstreifen nach oben klappen, dadurch legt sich eine Falte im 45°-Winkel, dann den Streifen wieder nach unten klappen, sodass die Bruchkante mit der oberen Stoffkante bündig ist.

3 … Den Streifen an der Kante festnähen, dabei am oberen Rand beginnen, Nahtanfang verriegeln. Den Streifen rundum annähen, an allen anderen drei Ecken genauso verfahren.

4 … Zum Schluss den Schrägstreifen kürzen, 1–2 cm nach innen umfalten und unter den Anfang des Schrägstreifens schieben, Ende und Anfang des Streifens festnähen.

5 … Schrägstreifen um die Kante herum auf die linke Stoffseite falten und stecken, dabei darauf achten, dass die Ansatznaht verdeckt wird. An den Ecken diagonale Falten formen.

6 … Die Blende an der inneren Bruchkante von Hand mit feinen Saumstichen festnähen oder von rechts mit der Maschine feststeppen.

Nadja Knab-Leers

lebt mit ihrem Mann und ihrem Sohn im südbadischen Waldkirch. Kreativität zieht sich wie ein roter Faden durch ihr Leben und ihre Arbeit. So war ihr schon bald nach der Ausbildung zur Mode-Direktrice klar, dass nicht nur Stoffe ihr Gestaltungsmedium sein sollten. Auch für dieses Buch war sie auf der Suche nach Dingen, die etwas Besonderes an sich haben – frei nach dem Motto: „Kleine Dinge in Szene zu setzen, macht Alltägliches zu etwas Besonderem und vermittelt Lebensfreude."
Weitere Informationen zu Nadja Knab-Leers finden Sie auf ihrer Homepage www.stilzauberei.de.

HILFESTELLUNG ZU ALLEN FRAGEN, DIE MATERIALIEN UND KREATIVBÜCHER BETREFFEN: FRAU ERIKA NOLL BERÄT SIE. RUFEN SIE AN: 05052/91 18 58*

*normale Telefongebühren

Wir danken den Firmen Coats GmbH (Kenzingen), Freudenberg Vliesstoffe (Weinheim); Rayher Hobby GmbH (Laupheim); Union Knopf GmbH (Bielefeld); Jim Knopf GmbH & Co. KG (Offenbach a. M.); Prym Consumer GmbH (Stolberg); Gütermann GmbH (Breisgau) und Knorr Prandell GmbH (Lichtenfels).

MODELLE: Nadja Knab-Leers

ALLGEMEINE ANLEITUNGEN: Karin Roser

PROJEKTMANAGEMENT: Anna Bender

LEKTORAT: Anna Bender und Eva-Barbara Hentschel

LAYOUT: Petra Theilfarth

FOTOS: frechverlag GmbH, 70499 Stuttgart; lichtpunkt, Michael Ruder, Stuttgart

FOTOSTYLING: Nadja Knab-Leers

ILLUSTRATIONEN: Ursula Schwab, Schwab Illustrationen, Handewitt

DRUCK UND BINDUNG: GPS Group GmbH, Österreich

2. Auflage 2013

ISBN 978-3-7724-6775-2 • Best.-Nr. 6775